¡Dígalo en señas!

LENGUAJE DE SEÑAS AMERICANO

LUCAS SOTO

SECCIÓN 1
lo básico

Alfabeto — 12
Números — 14
Colores — 16
Dinero — 18
Hora y Tiempo — 20
Comunicación — 24
La naturaleza — 26

SECCIÓN 2
a nuestro alrededor

La familia — 30
Gente — 32
La casa — 34
La ciudad — 36
Transportación — 38
Comida — 40
Bebida — 42

© 2015 VIAJERO PUBLISHING

TODOS LOS DERECHOS RESERVADOS. NINGUNA PARTE DE ESTA PUBLICACIÓN PUEDE SER REPRODUCIDA, ALMACENADA O TRANSMITIDA POR NINGÚN MEDIO, ELECTRÓNICO O MECÁNICO, INCLUYENDO FOTOCOPIA, GRABACIÓN O ESCANEADO, POR CUALQUIER MEDIO DE ALMACENAJE DE INFORMACIÓN Y SISTEMA DE RECUPERACIÓN, SIN EL PREVIO PERMISO ESCRITO DEL AUTOR.

PRIMERA EDICIÓN

LIBRARY OF CONGRESS
CONTROL NUMBER 2017911217

ISBN 978-0-9889523-1-7

Para más información sobre esta y futuras publicaciones visite:
www.viajeropublishing.com

Viajero Publishing
Los Angeles, California, USA

IMPRESO EN CHINA

VIAJERO PUBLISHING

índice

SECCIÓN 3
conversando en señas

- Para conversar — 46
- ¿Cómo te sientes? — 50
- ¿Cómo es? — 52
- ¿Qué haces? — 56
- ¿En qué trabajas? — 58
- ¿Dónde vives? — 60

SECCIÓN 4
lenguaje de señas en acción

- En la escuela — 64
- En el hospital — 68
- Verbos — 74
- Adjetivos — 76
- Ejemplos de uso — 78
- Vocabulario — 82

Coordinación, descripción y modelaje de las señas
Lucas Soto

Dirección artística y diseño gráfico
Dominic H. White

Diseño gráfico adicional
Juan Carlos Torres Pino

Revisión y corrección de texto
Miriel Bodden

Agradecimiento sincero a...

KEREN	el ABC en señas
JESSICA	brilla como el oro
MARGO	"it is what it is"
JUAN CARLOS Y JESUS	el esfuerzo conduce al éxito
DOM	"let's schedule a day for that"
ZORY, ZULY Y JOEL	una meta en común
PAPÁ	la respuesta está en el Libro
MAMI	el amor es el principio

INTERNATIONAL AWARD WINNING AUTHOR
LATINO BOOK AWARDS

www.digaloensenas.com

¡Dígalo en señas!

inicio

INICIO

introducción

El lenguaje de señas americano ha sido el lenguaje mayormente utilizado por la población sorda de los Estados Unidos desde hace más de 100 años. Dado a la inclusión de temas relacionados a las personas sordas en los medios de comunicación y a la labor exhaustiva de aquellos que abogan por la igualdad de derechos, una mayor cantidad de personas se ha familiarizado con el lenguaje y la cultura de los sordos. Esto ha mejorado la percepción general sobre los miembros de esta población y ha resultado en que una mayor cantidad de servicios públicos y privados sea también asequible para ellos.

Aunque no existe un consenso en cuanto a la cantidad de personas cuyo lenguaje principal es el lenguaje de señas americano, es un hecho que muchas de estas personas son provenientes de países latinos. Esto ha creado la necesidad de que personas oyentes que hablan español aprendan este lenguaje a fin de comunicarse de forma efectiva con familiares, clientes, estudiantes y pacientes sordos.

Es el propósito de este libro ayudarle a reunir las herramientas básicas para comunicarse en lenguaje de señas. El libro cuenta con más de 500 ilustraciones a color representando la manera en que se producen las señas para más de 400 vocablos del español. También contiene ejemplos de uso que le ayudarán a entender cómo organizar las señas para formar oraciones que tengan sentido.

Tenga presente que el lenguaje de señas es dinámico y tridimensional, por lo que le animamos a que se ponga la meta de buscar oportunidades reales en las cuales practicar, a que busque más información en Internet o hasta tome algún curso en su comunidad si le es posible. Mucho éxito en esta nueva empresa.

Recuerde, cuando necesite comunicarse y no le puedan escuchar ¡*Dígalo en señas!*

Cómo usar

EL TONO DEL LIBRO es uno casual y moderno, por lo cual las explicaciones se dan en un lenguaje informal. Queremos que sienta como si un amigo de toda la vida le estuviera ayudando a aprender este nuevo lenguaje. De ahora en adelante nos referiremos a usted como "tú".

Tal como los lenguajes hablados, el lenguaje de señas americano tiene diferentes palabras para un mismo concepto. Sin embargo, para simplificar el proceso de aprendizaje, se ha elegido una sola seña para cada uno de los conceptos. La seña escogida en cada caso es la que se ha considerado más al día al momento de la publicación, o simplemente la que el autor y el equipo de revisores han visto utilizada más frecuentemente. Es importante que mantengas una mente abierta, ya que al relacionarte con usuarios del lenguaje de señas americano, notarás variaciones. Te animamos a añadir estas variaciones a tu vocabulario.

En el lenguaje de señas americano los gestos faciales y el lenguaje corporal juegan un papel importantísimo. Vas a notar que en algunas ilustraciones la expresión de la cara se mantiene neutral, mientras que en otras se perciben ciertos gestos. Por ejemplo a veces se frunce el entrecejo, se aprietan los labios o se mueve la cabeza hacia al frente. Si copias estos gestos, podrás transmitir la idea más claramente.

Además de los gestos faciales y el lenguaje corporal, en el lenguaje de señas hay cuatro factores que pueden cambiar el significado de una seña. Estos son: 1) la configuración de la mano (**F**, **1**, **garra**, etc.), 2) la orientación (si la palma mira hacia arriba, hacia abajo, hacia el frente, etc.), 3) la localización (si se toca una parte del cuerpo o si la seña se hace en el aire) y 4) el movimiento (circular, de izquierda a derecha, abriendo y cerrando, etc.).

Dada la naturaleza tridimensional de este lenguaje, es a veces un tanto difícil plasmar en papel la dirección y el movimiento de las manos. Es por eso que este libro usa ciertas herramientas, como flechas direccionales verdes y descripciones en español. El propósito es ayudarte a producir las señas lo más acertadamente posible. Notarás que, en la mayoría de las ilustraciones, una o ambas manos se muestran en estado semitransparente y también en estado

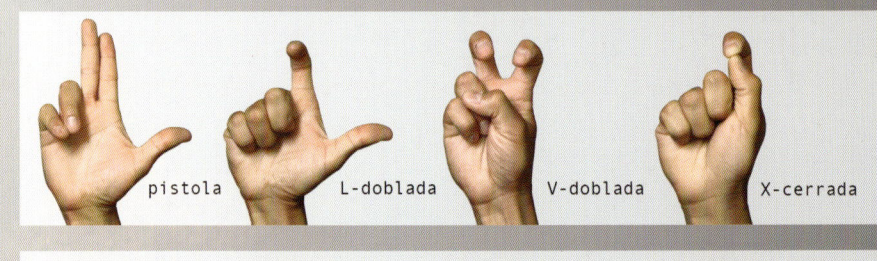

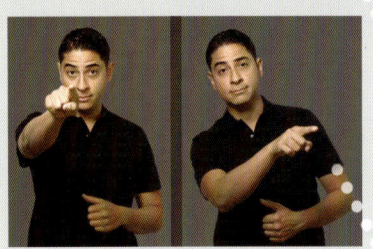

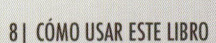

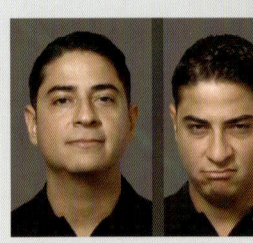

pistola   L-doblada   V-doblada   X-cerrada

cerrada   doblada   abierta

8 | CÓMO USAR ESTE LIBRO

este libro

sólido. La configuración, orientación y localización de la mano semitransparente muestra cómo se inicia la seña, y la sólida, cómo se termina. Las flechas indican el movimiento. Asegúrate de prestar atención tanto a las ilustraciones como a las descripciones, pues en ocasiones cambiar tan solo la posición de la mano o hacer un movimiento distinto puede crear una seña totalmente diferente.

Las descripciones de las señas suministradas en este libro hacen referencia a configuraciones de la mano que corresponden a algunas letras del alfabeto de lenguaje de señas (páginas 12 y 13) o a algunos números (páginas 14 y 15). Así que cuando no recuerdes cómo se hace la **B**, la **P** o el **3** en lenguaje de señas, haz referencia a estas páginas. Así te asegurarás de utilizar la configuración correcta.

Además de las configuraciones de la mano que corresponden a alguna letra del abecedario o algún número, hay otras que no tienen significado alguno cuando se usan por sí solas, pero que se utilizan para producir ciertas señas, como por ejemplo: mano **abierta**, **garra**, **V-doblada** y **capullo**. Estas configuraciones están ilustradas en la parte inferior de estas páginas. ¡Úsalas como referencia!

Las configuraciones de la mano de ciertas señas están basadas en la letra inicial de la palabra en inglés para el concepto. Esto es así para la mayoría de los días de la semana, algunos colores y otras señas como: *tío*, *tía*, *emergencia* e *iglesia*.

En el libro todas las señas están representadas desde el punto de vista de una persona cuya mano dominante es la mano derecha. Si tu mano dominante es la izquierda, copia la seña y los movimientos como si te estuvieras mirando en un espejo.

A través del libro verás intercalados algunos cuadros informativos. Estos contienen información adicional sobre el origen de ciertas señas y consejitos para ayudarte a utilizar el lenguaje de forma más natural.

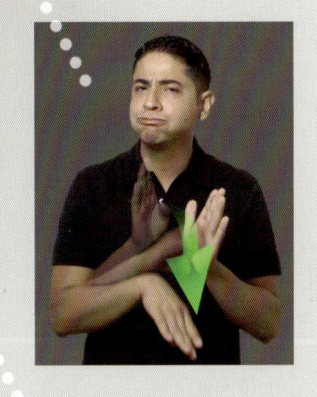

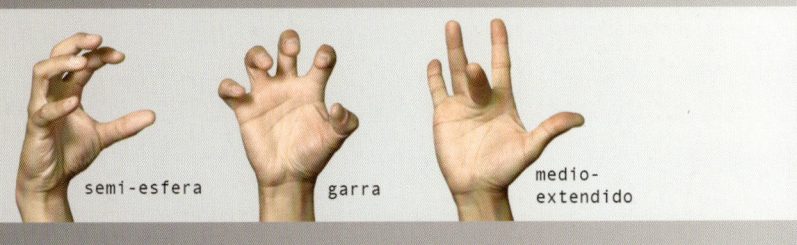

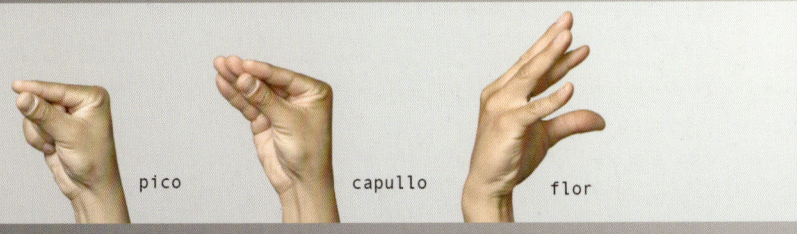

semi-esfera garra medio-extendido

pico capullo flor

ADEMÁS DE LAS configuraciones de la mano que corresponden a alguna letra del abecedario o algún número, existen otras que debes conocer y tener presente. A la izquierda tienes algunas de las más utilizadas en este libro.

sección

lo básico

1

12	Alfabeto
14	Números
16	Colores
18	Dinero
20	Hora y tiempo
24	Comunicación
26	La naturaleza

A

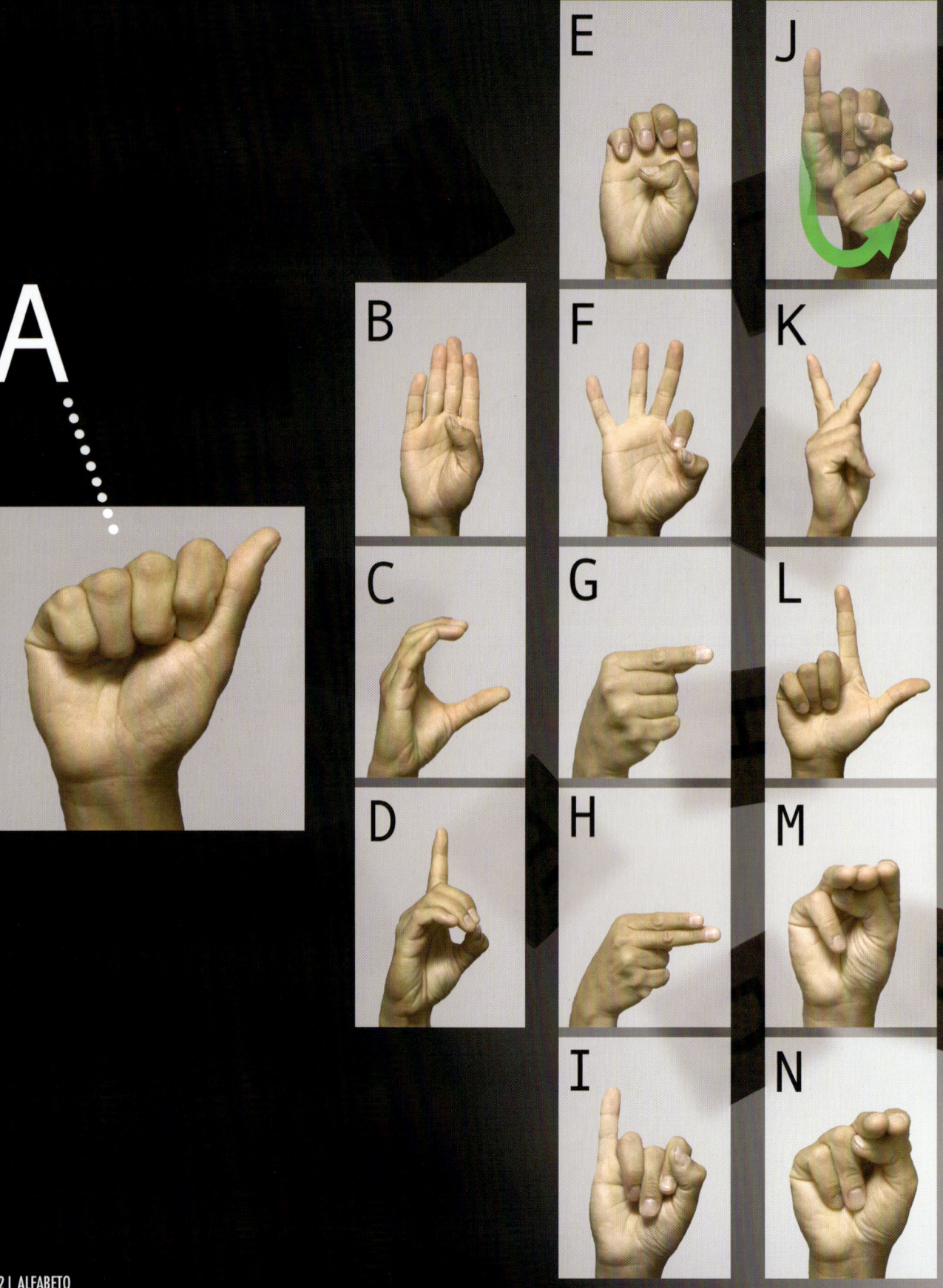

B
C
D
E
F
G
H
I
J
K
L
M
N

12 | ALFABETO

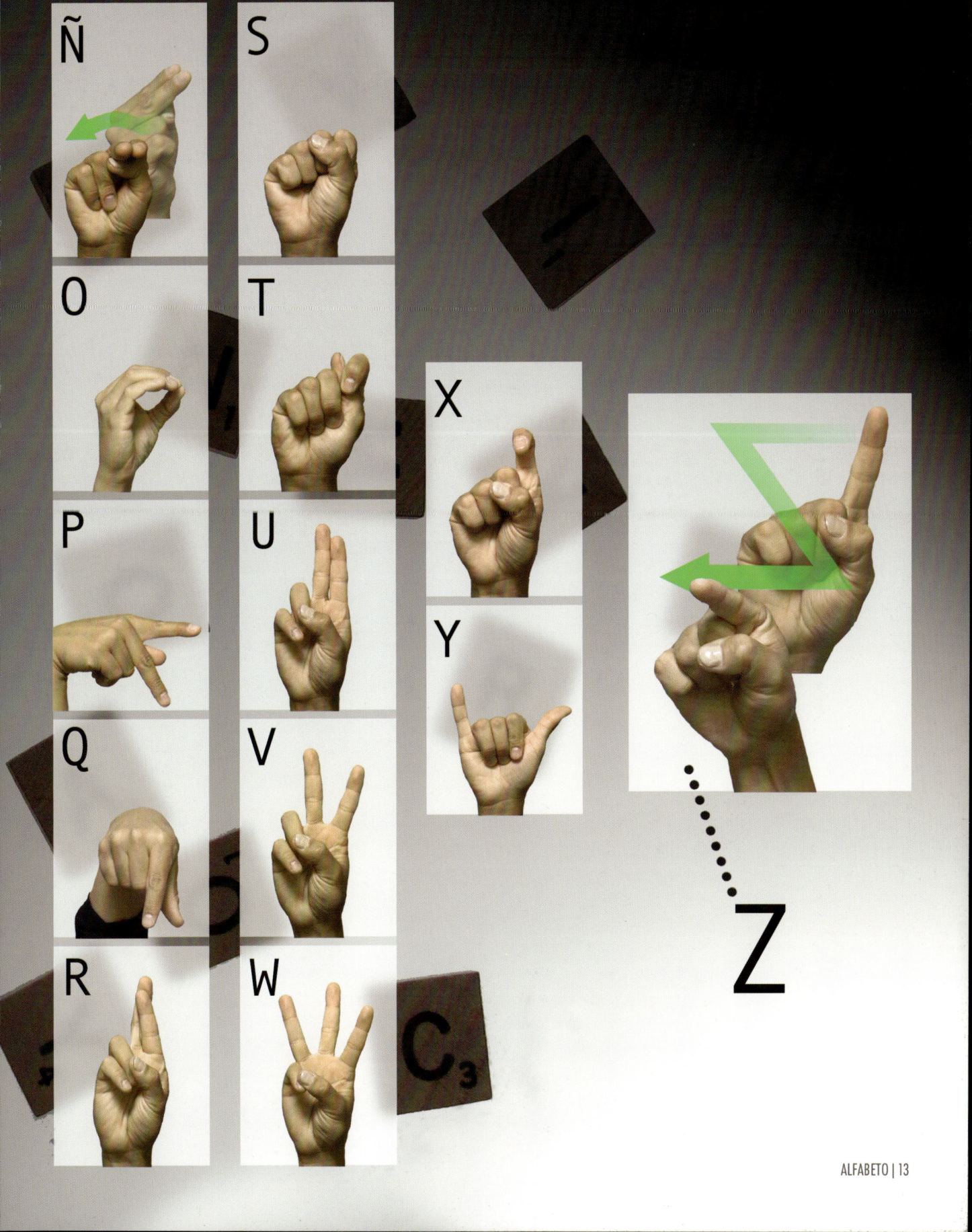

ALFABETO | 13

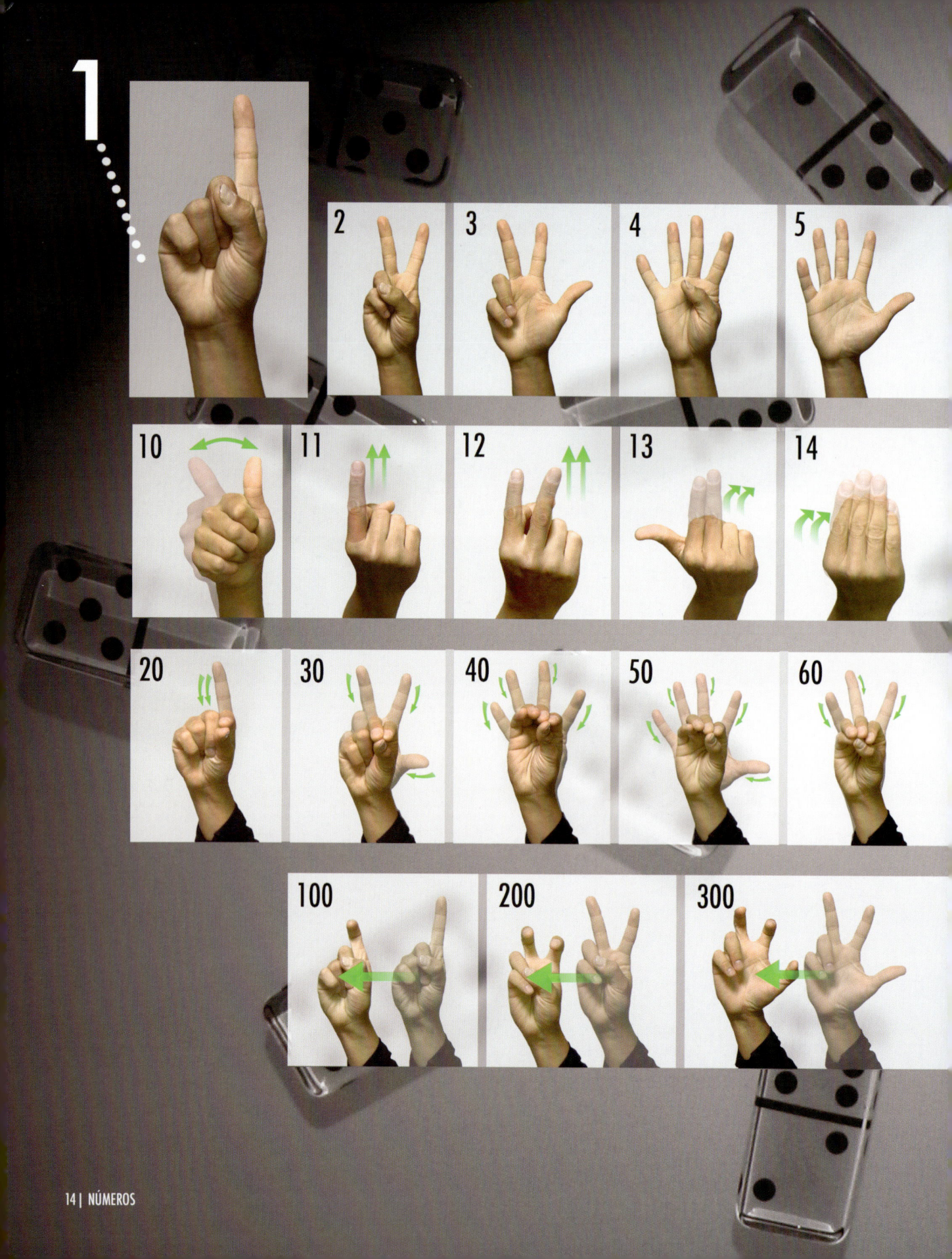

14 | NÚMEROS

NÚMEROS | 15

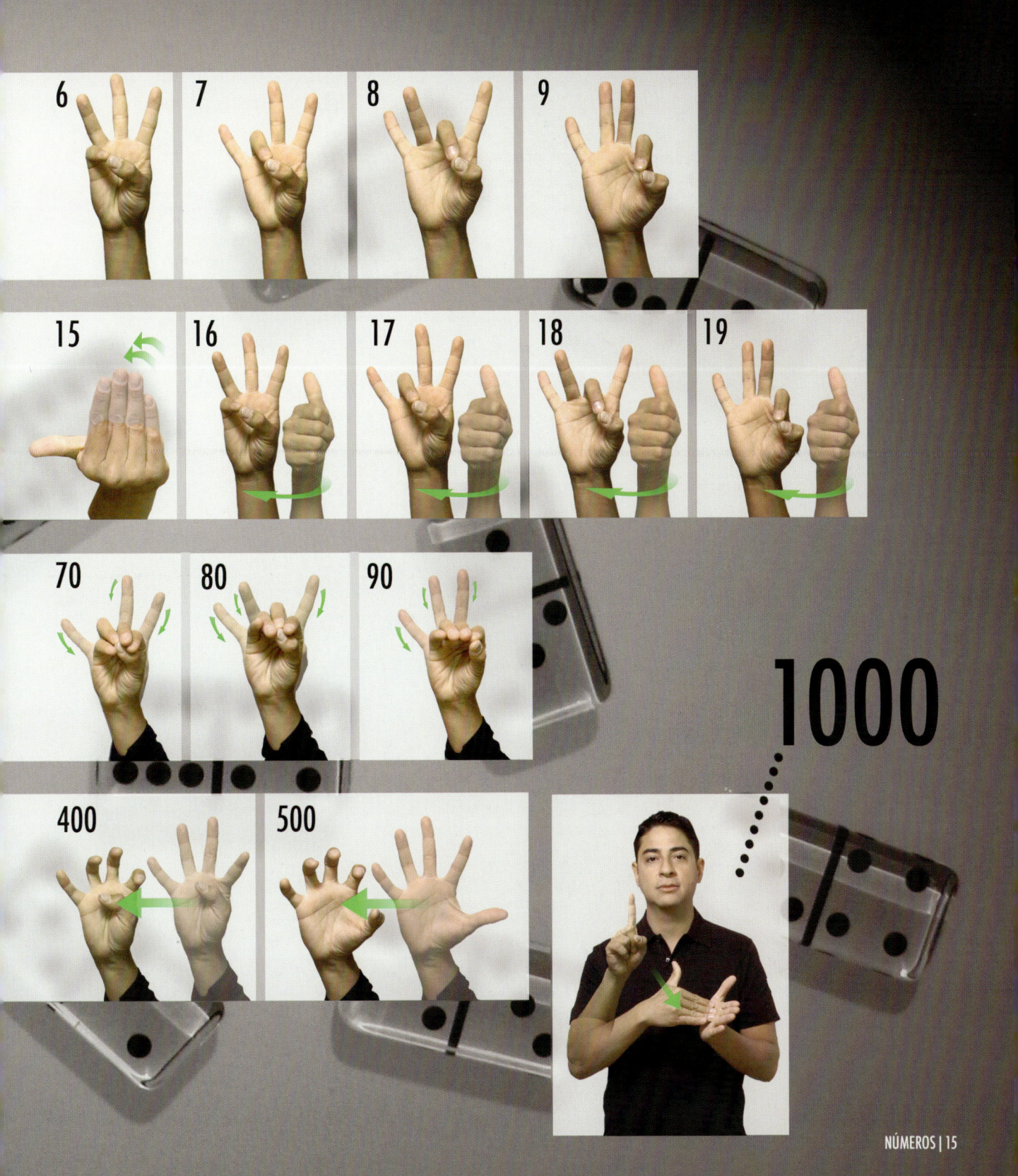

COLORES Con la mano en **5** toca la barbilla y sacude los dedos.

BLANCO Comienza con la mano en **flor** tocando el pecho. Cierra la mano mientras la alejas del cuerpo de modo que termine en **capullo**.

NEGRO Roza la frente de izquierda a derecha con el dedo índice de la mano derecha en **1**.

GRIS Haz que las puntas de los dedos de ambas manos en **5** se toquen mientras las mueves hacia delante y hacia atrás. Mantén los dedos rígidos.

AMARILLO (Y), AZUL (B), VERDE (G), VIOLETA/ MORADO (P) Con la mano en forma de la letra en paréntesis (ejemplo: **Y** para amarillo) gira la muñeca a favor y en contra de las manecillas del reloj.

amarillo

azul

verde

violeta

16 | COLORES

colores

ARCOIRIS Empieza con ambas manos en **4**. Deja la mano izquierda estacionaria y mueve la mano derecha haciendo un arco en el aire.

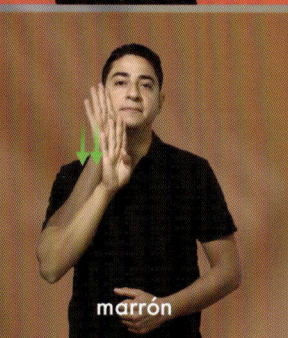

blanco

negro

gris

ROJO Con la mano en **1**, toca la parte justo debajo de tus labios. Dobla el dedo mientras llevas la mano hacia abajo.

ROSA Con el dedo medio de la mano en **P**, toca la parte justo debajo de tus labios. Desplázala hacia abajo. Repite el movimiento.

MARRÓN/CAFÉ Con la mano derecha en **B**, roza la mejilla hacia abajo dos veces.

ANARANJADO Mirando hacia la izquierda, coloca la mano en **semi-esfera** justo al frente de la boca y ciérrala. Repite el movimiento. Como exprimiendo un naranja.

rojo

rosa

marrón

anaranjado

COLORES | 17

DINERO/EFECTIVO Golpea la palma de la mano izquierda **abierta** con la parte trasera de la mano derecha en **capullo**.

TARJETA DE CRÉDITO Con el lado derecho del puño derecho, barre la superficie de la palma de la mano izquierda. Primero hacia atrás y luego hacia delante.

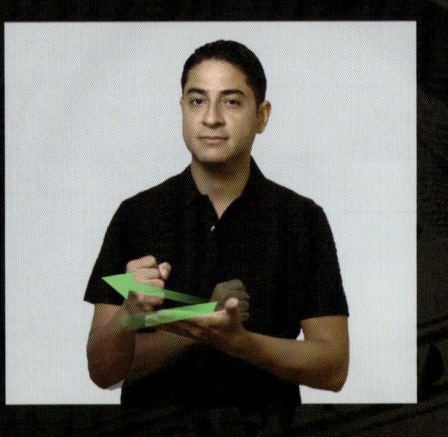

barato   caro

BARATO Barre la palma de la mano izquierda **abierta** con la mano derecha en **B** mientras la mueves de arriba hacia abajo.

CARO Comienza con ambas manos en **capullo** tocándose la una a la otra. Mueve la mano derecha hacia arriba, y luego hacia abajo. Ábrela mientras la bajas.

DEUDA Toca dos veces el centro de la mano izquierda **abierta** con la punta del dedo índice de la mano derecha en **1**.

GANAR DINERO Haz un movimiento de barrida en forma semicircular con la mano derecha en **5** sobre la mano izquierda **abierta**. Termina con la mano derecha cerrada en **S**.

deuda   ganar dinero

dinero

DÓLARES Agarra los dedos de la mano izquierda **abierta** con la mano derecha y retira la mano derecha.

MÁS Junta las puntas de ambas manos en **capullo** un par de veces.

COMPRAR Empieza con la mano derecha en **capullo** reposando sobre la mano izquierda **abierta**. Mueve la mano derecha hacia delante y hacia afuera.

VENDER Empieza con ambas manos en **capullo** apuntando hacia ti. Haz un movimiento semicircular de la muñeca, hacia abajo y hacia delante, de modo que los dedos de ambas manos terminen apuntando hacia delante.

CONTAR Con el área donde se juntan los dedos índice y pulgar de la mano derecha en **F**, toca la palma de la mano izquierda **abierta** y desliza la mano hacia afuera varias veces.

TIEMPO/HORA Toca dos veces el área superior de la muñeca izquierda con el dedo índice de la mano derecha ligeramente doblado.

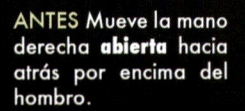

antes

hora

día

ahora

empezar

terminar

después

ANTES Mueve la mano derecha **abierta** hacia atrás por encima del hombro.

AHORA Mueve ambas manos en **Y** directamente hacia abajo con un movimiento corto.

DESPUÉS Mueve la mano derecha en **L**, al nivel del hombro, hacia delante completando un pequeño arco.

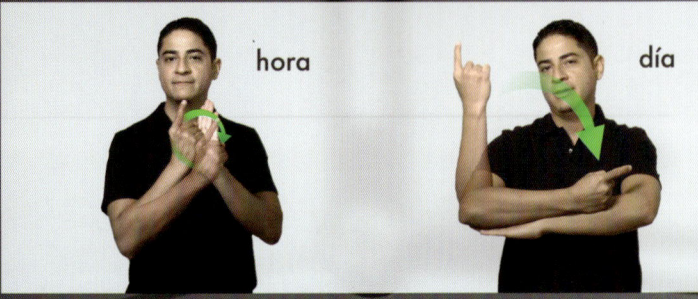

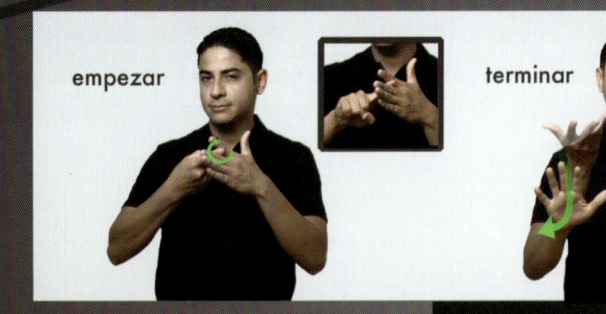

EMPEZAR Empieza con el dedo índice de la mano derecha en **1** entre los dedos índice y medio de la mano izquierda **abierta**. Da vuelta a la muñeca derecha una vez.

TERMINAR Empieza con ambas manos en **5** mirando hacia arriba. Rótalas al mismo tiempo que las bajas.

HORA Y TIEMPO

hora y tiempo

mes   año

HORA Con la mano derecha en **1** haz un círculo sobre la palma de la mano izquierda **abierta**.

DÍA Reposa el codo del brazo derecho con la mano en **1** sobre la mano izquierda. Baja la mano en arco hasta recostar el brazo derecho sobre el izquierdo.

MES Sitúa la mano izquierda en **1** apuntando hacia arriba. Mueve la mano derecha en **1** hacia abajo rozando el dedo índice de la mano izquierda por detrás.

AÑO Mueve ambas manos en **S**, una alrededor de la otra, terminando con la mano derecha encima de la izquierda.

HOY Reposa el codo del brazo derecho con la mano en **Y** sobre la mano izquierda. Mientras abres el dedo índice, baja la mano en arco hasta recostar el brazo derecho sobre el izquierdo.

MAÑANA Con el pulgar de la mano derecha en **A**, toca la parte posterior de la mandíbula. Mueve la mano hacia delante doblando la muñeca.

AYER Con el pulgar de la mano en **A**, toca el frente de la mandíbula por el lado derecho y luego mueve la mano hacia atrás y toca la parte posterior.

HORA Y TIEMPO | 21

temprano

MESES DEL AÑO Por lo general, los meses del año se hacen deletreando el mes o una forma abreviada del mismo en inglés. Estos son: JAN (enero), FEB (febrero), MARCH (marzo), APRIL (abril), MAY (mayo), JUNE (junio), JULY (julio), AUG (agosto), SEPT (septiembre), OCT (octubre), NOV (noviembre), DEC (diciembre). También existen señas regionales para los meses. Si aprendes alguna, inclúyela en tu vocabulario.

LUNES (M), MARTES (T), MIÉRCOLES (W) Haz un movimiento circular con la mano en forma de la letra en paréntesis (ejemplo: **M** para lunes).

JUEVES Deletrea TH.

VIERNES (F), SÁBADO (S) Haz un movimiento circular con la mano en forma de la letra en paréntesis.

DOMINGO Mueve ambas manos en **5** en pequeños círculos, de afuera hacia adentro.

lunes   martes   miércoles

EN LA MAÑANA Trae la mano derecha **abierta** hacia ti hasta que quede por detrás de la mano izquierda **abierta** situada horizontalmente.

AL MEDIODÍA Con el codo del brazo derecho, mano **abierta**, toca un par de veces la parte superior de la mano izquierda **abierta** situada horizontalmente.

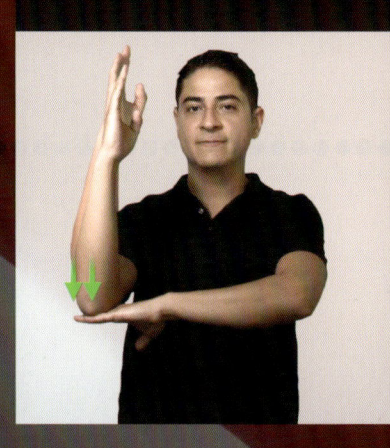

22 | HORA Y TIEMPO

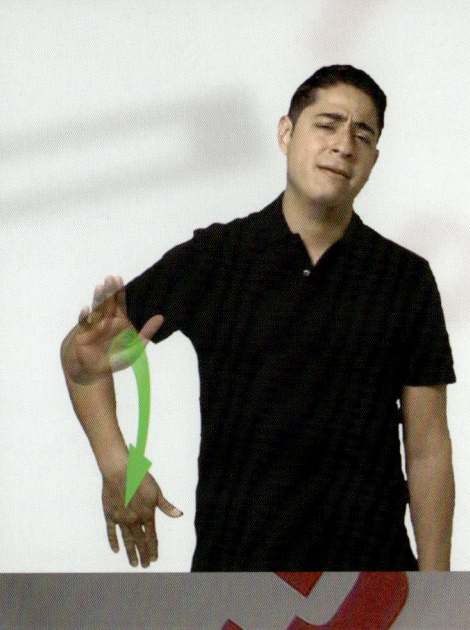

TEMPRANO Roza la parte superior de la mano izquierda **cerrada** con el dedo medio de la mano derecha extendido, de atrás hacia delante.

TARDE Mueve la mano **abierta** hacia abajo y hacia atrás paralela al cuerpo haciendo un pequeño arco.

tarde

jueves   viernes   sábado   domingo

EN LA TARDE Reposa el brazo derecho con la mano **abierta** sobre la mano izquierda **abierta** y mueve ligeramente el brazo derecho un par de veces hacia delante.

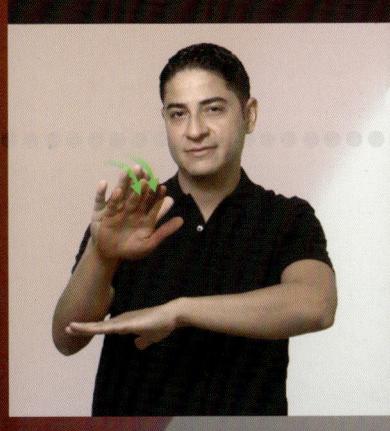

EN LA NOCHE Toca la parte trasera de la mano izquierda **abierta** con la mano derecha **doblada** un par de veces.

Imagínate que el brazo izquierdo hace las veces de horizonte, y que la mano derecha representa el sol: saliendo en la mañana, justo en medio al mediodía, poniéndose en la tarde y bajo la línea del horizonte en la noche.

HORA Y TIEMPO | 23

comunicación

TELÉFONO Toca la mejilla un par de veces con la mano en **Y**.

CÁMARA DE VIDEO Sitúa la mano derecha en **flor** sobre la punta del dedo índice de la mano izquierda en **1**. Haz vibrar la mano derecha.

VÍDEO-TELÉFONO Comienza con las dos manos en **capullo** dándose la espalda la una a la otra. Ábrelas mientras las subes un poco.

CONVERSAR Empieza con ambas manos en **5** relajadas ligeramente inclinadas hacia el centro. Mueve los brazos ligeramente hacia arriba y hacia abajo, permitiendo que las muñecas se muevan libremente.

teléfono

COMPUTADORA Roza el área superior del brazo izquierdo con la mano derecha en **C**, de al frente hacia atrás, un par de veces.

MENSAJE DE TEXTO Mueve los dedos pulgares de ambas manos en **A** alternadamente hacia arriba y hacia abajo, como escribiendo un mensaje de texto.

COMUNICACIÓN Mueve ambas manos en **C** alternadamente, hacia delante y hacia atrás frente al área de la barbilla.

CORREO ELECTRÓNICO Pasa los dedos de la mano derecha **doblada** a través del espacio formado entre los dedos de la mano izquierda en **C**; de atrás hacia delante.

cámara de vídeo

vídeo-teléfono

INTERNET Junta los dedos medios de ambas manos en **medio-extendido**. Gira las muñecas hacia lados opuestos varias veces.

CARTA Con el pulgar de la mano derecha **cerrada** toca el área debajo de la boca y luego toca la palma de la mano izquierda **abierta**; como ensalivando y pegando un sello.

COMUNICACIÓN | 25

LA TIERRA Pinza la parte superior de la mano izquierda en **S** con los dedos pulgar y medio de la mano derecha. Mueve ambas manos juntas hacia delante y hacia atrás.

sol

SOL Empieza con la mano derecha en **capullo** frente a tu rostro y sobre tu cabeza. Abre la mano mientras la bajas.

MAR Toca la barbilla con el dedo índice de la mano derecha en **W**, y luego haz movimientos ondulatorios con ambas manos **abiertas**.

MONTAÑA Toca la parte superior de la mano izquierda en **A** con la mano derecha en **A**. Luego abre las manos y muévelas diagonalmente hacia arriba, como describiendo la ladera de la montaña.

CIELO Más arriba del área de la cabeza, da media vuelta a la mano izquierda **doblada** con la mano derecha **doblada** y retíralas hacia afuera.

ÁRBOL Con la mano derecha en **5**, reposa el codo del brazo sobre la mano izquierda **abierta**. Gira la mano derecha hacia un lado y hacia el otro.

cielo

árbol

26 | LA NATURALEZA

...la naturaleza

perro

vaca **caballo** **gallina** **cerdo**

PERRO Toca el muslo con la mano derecha **abierta** y luego chasquea los dedos de la mano derecha.

GATO Simula que halas los bigotes del gato con los dedos índice y pulgar de la mano derecha. Haz el movimiento un par de veces.

PEZ, CULEBRA Haz un movimiento ondulatorio con la muñeca. Usa la mano **abierta** para "pez", y la mano en **V-doblada** para "culebra".

SAPO/RANA Empieza con los nudillos de la mano derecha en **S** tocando el área debajo de la barbilla. Abre los dedos índice y medio simultáneamente. Repite el movimiento.

VACA Toca el área de la sien con el dedo pulgar de la mano derecha en **Y**. Mueve la muñeca ligeramente hacia delante y hacia atrás.

CABALLO Toca el área de la sien con el dedo pulgar de la mano derecha en **pistola**. Dobla los dedos índice y medio simultáneamente un par de veces.

GALLINA/PÁJARO Sitúa la mano en **pico** frente a la boca. Abre y cierra los dedos índice y pulgar un par de veces.

CERDO Empieza con la mano derecha **abierta** mirando hacia abajo justo debajo de la barbilla. Dobla los cuatro dedos adyacentes simultáneamente un par de veces.

gato

pez

culebra

sapo

LA NATURALEZA | 27

sección

a nuestro alrededor

2

- 30 La familia
- 32 Gente
- 34 La casa
- 36 La ciudad
- 38 Transportación
- 40 Comida
- 42 Bebida

FAMILIA Empieza juntando los dedos índice y pulgar de ambas manos en **F**. Haz un círculo hacia afuera cambiando la orientación de las manos de modo que terminen mirando hacia ti, con los dedos meñiques tocándose.

TÍO Mueve la mano en **U** haciendo un pequeño círculo cerca del área de la sien.

ABUELO Con el dedo pulgar de la mano derecha en **5** toca la frente y haz un movimiento circular mientras alejas la mano.

HIJO Toca la frente con la mano derecha en **B** y luego repósala sobre la mano izquierda también en **B**.

HERMANO Toca la frente con el pulgar de la mano derecha en **L** y luego repósala sobre la mano izquierda en **1**.

PAPÁ Toca la frente un par de veces con el dedo pulgar de la mano en **5**.

ESPOSO Toca la frente con el pulgar extendido de la mano derecha en **C**, y luego baja la mano y entrelázala con la mano izquierda.

30 | FAMILIA

la familia

NOTARÁS que, aparte de la seña para *"familia"*, las señas relacionadas al género masculino se originan en el área de la frente, y las relacionadas al género femenino en el área de la barbilla.

TÍA Mueve la mano en **A** haciendo un pequeño círculo cerca del área de la barbilla.

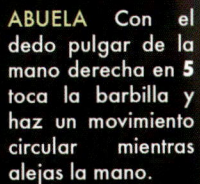

MAMÁ Toca la barbilla un par de veces con el dedo pulgar de la mano en **5**.

ESPOSA Toca la barbilla con el pulgar extendido de la mano derecha en **C**, y luego baja la mano y entrelázala con la mano izquierda.

HIJA Toca la barbilla con la mano derecha en **B** y luego repósala sobre la mano izquierda en **B**.

HERMANA Toca la barbilla con el pulgar de la mano derecha en **L** y luego repósala sobre la mano izquierda en **1**.

ABUELA Con el dedo pulgar de la mano derecha en **5** toca la barbilla y haz un movimiento circular mientras alejas la mano.

FAMILIA | 31

YO/TÚ/ÉL/ELLA Apunta con el dedo índice hacia la persona a quien te refieres.

yo   tú   él/ella

gente

HOMBRE Toca la frente con el dedo pulgar de la mano en **5** y luego baja la mano y toca el centro del pecho con el mismo dedo.

MUJER Toca la barbilla con el dedo pulgar de la mano en **5** y luego baja la mano y toca el centro del pecho con el mismo dedo.

hombre

mujer

niño   niña

NIÑO/VARÓN Comienza con la mano **doblada** con el pulgar extendido hacia delante en el área de la frente. Junta el pulgar con el resto de los dedos un par de veces.

NIÑA/HEMBRA Roza el lado de la mandíbula un par de veces, de atrás hacia delante, con el dedo pulgar de la mano en **A**.

mío   tuyo   suyo

MÍO/TUYO/SUYO Mueve la mano abierta hacia la persona que "posee".

relación

GENTE Haz círculos alternadamente hacia delante y hacia abajo con ambas manos en **P**.

RELACIÓN Empieza con ambas manos en **8**, agarrándose la una a la otra con los dedos índice y pulgar. Muévelas de izquierda a derecha.

bebé

AMIGO Entrelaza los dedos índice, ligeramente doblados, de ambas manos en **1**. Primero con la mano izquierda arriba, y luego da la vuelta a ambas manos de modo que la mano derecha quede arriba.

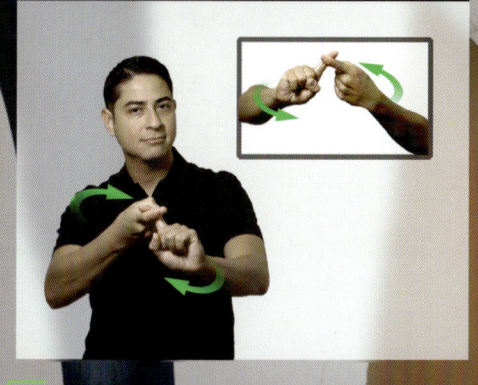

BEBÉ Sube y baja ambas manos juntas frente a ti; como sosteniendo un bebé.

NOVIO Haz la seña para "niño/varón" y luego la seña para "amigo".

NOVIA Haz la seña para "niña/hembra" y luego la seña para "amigo".

GENTE | 33

CASA Junta las puntas de ambas manos **abiertas** como representando el techo. Retíralas la una de la otra y muévelas hacia abajo.

dormitorio · sala · baño

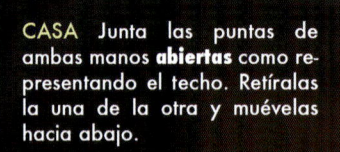

COCINA Descansa la mano derecha en **K** sobre la mano izquierda **abierta**. Muévela de derecha a izquierda, y de izquierda a derecha rotando la muñeca.

LAVANDERÍA/LAVADORA Comienza con ambas manos en **semi-esfera** mirándose la una a la otra de manera diagonal. Rota ambas manos un par de veces, la derecha en el sentido de las agujas del reloj y la izquierda en el sentido opuesto.

DORMITORIO Coloca la mano derecha **abierta** en tu mejilla. Luego haz la seña para *"cuarto"*. Para esto, coloca ambas manos **abiertas** una justo frente a la otra. Entonces muévelas hacia los lados de modo que queden mirándose.

SALA Haz la seña para *"vivir"* moviendo ambas manos en **L** desde el área central del torso hacia el pecho. Luego haz la seña para *"cuarto"*.

BAÑO Mueve la **T** ligeramente de izquierda a derecha.

34 | LA CASA

la casa

TELEVISOR Deletrea TV.

SILLA Con los dedos índice y medio ligeramente doblados de la mano derecha en **H** golpea los de la mano izquierda también en **H** un par de veces.

CAMA Inclina la cabeza un poco hacia la derecha y toca un par de veces la mejilla con la palma de mano derecha **abierta**.

REFRIGERADOR Mueve los brazos con ambas manos en **S** hacia adentro y hacia afuera simultáneamente.

HORNO DE MICROONDAS Comienza con ambas manos en **S** mirándose la una a la otra. Abre ambas manos mientras las acercas ligeramente la una a la otra. Repite el movimiento.

GARAJE/ESTACIONAMIENTO Mueve la mano derecha en **3** hacia delante, con el pulgar apuntando hacia arriba, bajo la mano izquierda abierta un par de veces.

PATIO Haz la seña para *"afuera"*. Comienza con la mano derecha en forma de **flor** dentro de la mano izquierda en **C**. Cierra la mano mientras la sacas. Luego haz la seña para *"área"* moviendo la mano derecha en **5** en forma circular paralela al suelo.

televisor · silla · cama

garaje · patio

horno de microondas

refrigerador

LA CASA | 35

CIUDAD Junta ambas manos **abiertas** como formando un triángulo; una mano mirando ligeramente hacia afuera y la otra hacia el pecho. Invierte la orientación de las manos.

escuela oficina iglesia

GRANJA, RESTAURANTE, CAFETERÍA Toca primero el lado izquierdo de la boca y luego mueve la mano y toca el lado derecho. Para *"granja"* pon la mano en **5** y toca con el pulgar. Para *"restaurante"* pon la mano en **R**. Y para *"cafetería"* pon la mano en **C**.

granja

restauraunte

biblioteca hotel

BIBLIOTECA Mueve la mano en **L** en pequeños círculos.

HOTEL Descansa la mano derecha en **pistola** sobre la punta del dedo índice de la mano izquierda en **1**. Mueve los dedos índice y medio hacia delante y hacia atrás.

cafetería

la ciudad

banco correo

ESCUELA Da dos palmadas con la mano derecha **abierta** sobre la mano izquierda **abierta** (una mano perpendicular a la otra).

OFICINA Sitúa ambas manos en **O** una justo al frente de la otra. Luego muévelas de modo que queden en los lados, mirándose una a la otra.

IGLESIA Toca un par de veces la parte de arriba del puño izquierdo con la mano derecha en **C**.

CORREO Haz la seña para *"carta"* (pág. 25) y luego la seña para *"oficina"*.

BANCO Deletrea BANK. Comienza con la **B** arriba, baja la mano y haz la **A**. Luego subiendo haz la **N** y la **K**.

SUPERMERCADO Haz la seña para *"comida/comer"* (pág. 41) y luego haz la seña para *"tienda"*.

TIENDA Doblando las muñecas mueve ambas manos en **capullo** hacia delante un par de veces.

supermercado

tienda

LA CIUDAD | 37

AUTOMÓVIL/CONDUCIR Mueve ambas manos en **S** diagonalmente hacia arriba y hacia abajo, como manejando un auto.

boleto

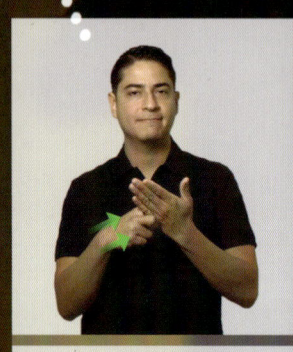

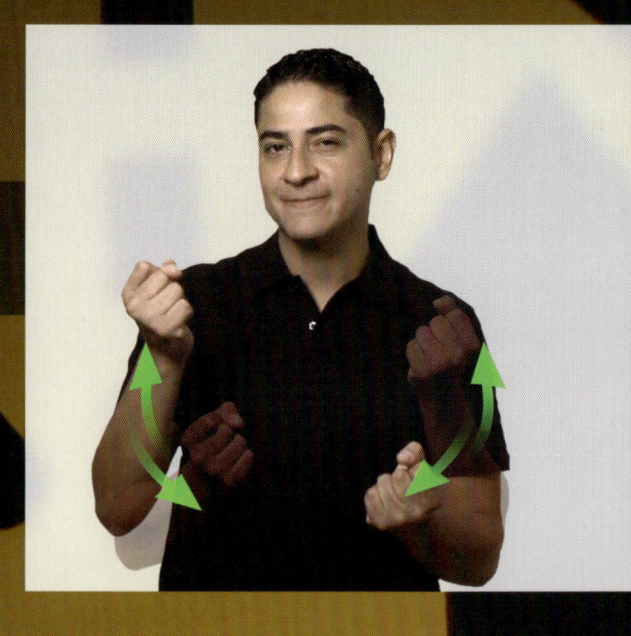

licencia

autobús

motocicleta

BOLETO Golpea un par de veces el borde de la mano izquierda **abierta** con la mano derecha en **V-doblada**, de modo que esta quede entre los dedos índice y medio de la mano derecha.

LICENCIA Haz tocar un par de veces las puntas de los dedos pulgares de ambas manos en **L**.

MALETAS Mueve ambas manos en **S** hacia arriba un par de veces, simulando que agarras una maleta en cada una de ellas.

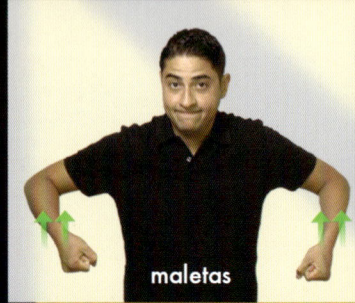

maletas

ir parar

IR Mueve ambas manos en **1** simultáneamente en la dirección hacia la que se "va".

PARAR Golpea la mano izquierda **abierta** con el borde de la mano derecha **abierta**.

38 | TRANSPORTACIÓN

transportación

bicicleta   tren   avión

continuar

salir

llegar

AUTOBÚS Deletrea BUS.

MOTOCICLETA Mueve las muñecas de ambas manos en **S** hacia arriba, como acelerando una motocicleta.

BICICLETA Mueve ambas manos en **S** en círculo hacia delante, como pedaleando.

TREN Sitúa los dedos índice y medio de la mano derecha en **V** sobre los dedos índice y medio de la mano izquierda en **V**. Mueve la mano derecha hacia delante y hacia atrás.

AVIÓN La configuración de esta mano es como haciendo una **L** con el dedo meñique también extendido. Mueve la mano hacia el cielo, como si fuera un avión en despegue.

CONTINUAR Haz que el dedo pulgar de la mano derecha **cerrada** toque la parte trasera del pulgar de la mano izquierda **cerrada**. Mueve ambas manos en esta posición hacia delante.

SALIR Empieza con ambas manos **abiertas** frente a ti mirando hacia abajo. Ciérralas mientras las mueves hacia atrás y hacia arriba.

LLEGAR Empieza con la mano izquierda **abierta** alejada del cuerpo mirando hacia arriba. Mueve la mano derecha **abierta** desde el área frente al hombro hasta reposarla sobre la mano izquierda.

TRANSPORTACIÓN | 39

comida

"HOTDOG" Empieza con ambas manos en **S**, una al lado de la otra frente a ti. Mientras las separas, abre y cierra las manos un par de veces.

CARNE Con los dedos índice y pulgar de la mano derecha en **F**, pinza la parte carnosa de la mano izquierda **abierta**. Mueve ambas manos en esta posición hacia delante y hacia atrás.

"hotdog" carne

vegetales frutas postre

VEGETALES Toca la parte inferior de tu mejilla con el dedo índice de la mano derecha en **V**. Da vuelta a la muñeca y toca el mismo lugar con el dedo del medio.

FRUTAS Toca la parte inferior de la mejilla con los dedos índice y pulgar de la mano derecha en **F**. Gira hacia delante un par de veces.

POSTRE Junta ambas manos en **D** frente a ti un par de veces. Los dedos índice apuntan hacia delante, no hacia arriba.

40 | COMIDA

COMIDA/COMER Doblando la muñeca, mueve la mano derecha en **capullo** hacia la boca un par de veces.

HAMBURGUESA Entrelaza ambas manos frente a ti. Suéltalas, da vuelta a las muñecas y entrelázalas del otro lado.

PAPAS FRITAS Baja la mano en **F** y muévela hacia la derecha haciendo un pequeño arco.

hamburguesa

papas fritas

HAMBRE Desliza la mano en **C** desde el centro superior del pecho directamente hacia abajo.

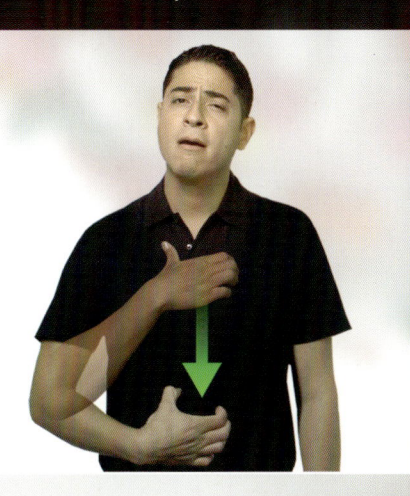

PAN Empieza con la mano izquierda **abierta** frente a ti, mirando hacia el pecho. Mueve la mano derecha **doblada** de arriba hacia abajo sobre la mano izquierda un par de veces.

CHOCOLATE Mueve la mano derecha en **C** en forma circular sobre la mano izquierda **cerrada**.

chocolate

pan

BEBIDA/BEBER Lleva la mano en **C** hacia la boca, como bebiendo de un vaso.

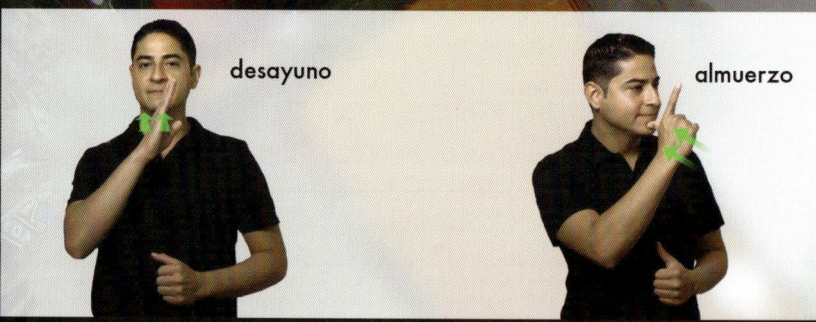

DESAYUNO (B), ALMUERZO (L), CENA (D) Con la mano en **B**, **L** y **D**, respectivamente, toca dos veces la barbilla.

AGUA Toca la barbilla dos veces con el dedo índice de la mano derecha en **W**.

JUGO Haz una **J** un par de veces. El contexto hará más claro el significado.

LECHE Empieza con la mano parcialmente cerrada frente a ti. Muévela dos veces hacia abajo mientras la cierras, como ordeñando una vaca.

bebida

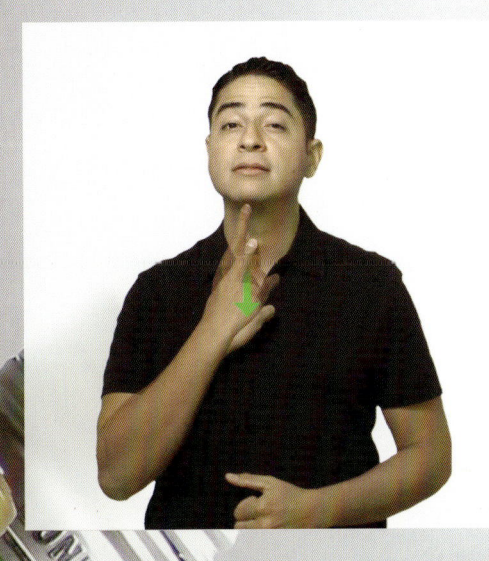

SED Desliza el dedo índice desde la parte superior de la garganta hacia abajo.

cena

CAFÉ Sitúa la mano derecha en **S** sobre la mano izquierda en **S** y muévela en círculos.

CERVEZA Toca ligeramente un par de veces con el lado de la mano derecha en **B** el área baja de la mejilla.

TÉ Introduce los dedos índice y pulgar de la mano derecha en **F** en el hueco de la mano izquierda en **O** un par de veces.

VINO Con la parte donde se juntan los dedos meñique y pulgar de la mano en **W**, haz un pequeño círculo en la parte baja de la mejilla un par de veces.

café   cerveza

te   vino

BEBIDA | 43

sección

conversando en señas

3

46 **Para Conversar**
50 ¿Cómo te sientes?
52 ¿Cómo es?
56 ¿Qué haces?
58 ¿En qué trabajas?
60 ¿Dónde vives?

HABLAR EN SEÑAS Mueve ambas manos en **1**, en círculo, una alrededor de la otra.

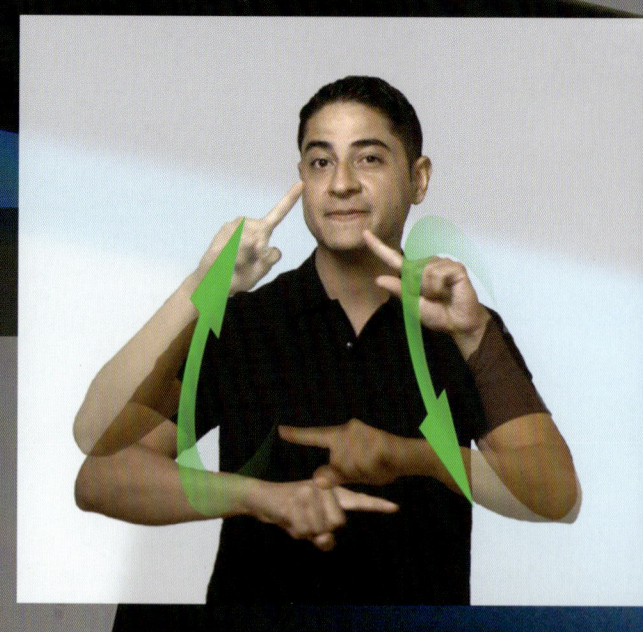

QUIÉN Toca la barbilla con el dedo pulgar de la mano en **L**. Cierra el dedo índice un par de veces.

CÓMO Empieza la seña con los nudillos de ambas manos **cerradas** tocándose. Moviendo la muñeca, rota la mano derecha hacia delante un par de veces.

CUÁNDO Con el dedo índice de la mano derecha en **1**, da una vuelta alrededor del dedo índice de la mano izquierda en **1** estacionaria. Termina con ambos dedos tocándose.

DÓNDE Mueve el dedo índice de la mano derecha en **1** de izquierda a derecha repetidas veces.

quién | cómo | cuándo | dónde

SÍ Usando la muñeca, mueve el puño hacia arriba y hacia abajo ligeramente.

NO Empieza con un **3**, con el pulgar hacia delante. Junta los dedos.

sí | no | gracias | por favor

GRACIAS Comienza con la mano **abierta** tocando la barbilla. Extiéndela hacia la persona a quien te diriges.

POR FAVOR Frota el área del corazón, en forma circular, con la mano **abierta**.

para conversar

HOLA mi nombre es *Fernando*

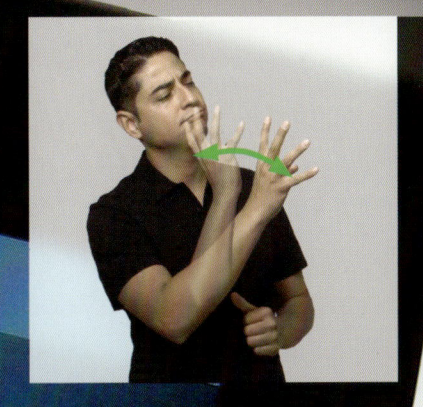

HABLAR Mueve la mano en **4** hacia delante y hacia atrás. El dedo índice toca el área debajo del labio.

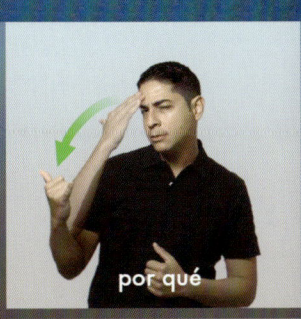

qué

por qué

cuál

para qué

cuánto

qué pasa

QUÉ Mueve ligeramente ambas manos **abiertas** de lado a lado.

POR QUÉ Empieza con la mano **abierta** tocando la sien. Baja la mano mientras cierras los tres dedos del medio, terminando en **Y**.

CUÁL Mueve alternadamente ambas manos en **A** hacia arriba y hacia abajo.

PARA QUÉ Usando la muñeca, mueve el dedo índice de la mano en **1** hacia delante y hacia atrás en el área de la sien.

CUÁNTO Empieza con ambos puños **cerrados** frente a ti mirando hacia arriba. Ábrelos mientras subes las manos.

QUÉ PASA Toca el área del pecho con el dedo medio de ambas manos en **medio-extendido**. Muévelas hacia arriba al mismo tiempo.

CONOCER Toca un par de veces el lado de la frente con la mano **abierta**.

PARA CONVERSAR | 47

¡Hola!

¿QUÉ DESEAS? Primero apunta a quién te diriges. Luego haz la seña para *"desear"* (o *"querer"*) con ambas manos en **5** frente a ti (dedos ligeramente doblados). Trae ambas manos hacia ti. Entonces haz la seña para *"qué"*.

¡HOLA! Toca la frente con la mano derecha **abierta** y muévela hacia afuera.

¿CUÁL ES TU NOMBRE? Primero señala a la persona a quien te diriges. Luego haz la seña para *"nombre"*. Da dos golpecitos con la mano derecha en **H** sobre la mano izquierda en **H**. Entonces haz la seña para *"qué"*. Abre ambas manos ligeramente y muévelas de lado a lado.

PARA CAPTAR la atención de una persona sorda agita tus brazos en su campo de visibilidad. No le alces la voz ni le grites. Si la persona está de espaldas, dále un par de palmadas en su hombro. Mírale a los ojos, pues es muestra de buenos modales. Para darte a entender más claramente utiliza láminas, señala objetos o escenifica lo que tratas de decir.

MUCHO GUSTO EN CONOCERTE. Primero haz la seña que expresa la idea de *"agradable"* barriendo la palma de la mano izquierda **abierta** con la mano derecha **abierta**, de atrás hacia adelante. Luego haz la seña que describe la acción de *"dos personas que se encuentran"* juntando ambas manos en **1**.

48 | PARA CONVERSAR

¿NECESITAS AYUDA? Primero apunta a quien te diriges. Entonces haz la seña para *"necesitar"* moviendo la mano en **X** hacia abajo un par de veces. Luego, haz la seña para *"ayuda"*. Pon la mano derecha en **A** sobre la palma de la mano izquierda **abierta**. Mueve ambas manos en esta posición hacia tu interlocutor.

¿Cuál es tu nombre?

COMO QUIZÁS hayas notado, contrario al español, en el lenguaje de señas la parte de la oración que indica que se está haciendo una pregunta se suele colocar al final de la oración. Así que en vez de decir: *"¿Cuál es tu nombre?"*, se diría *"¿Tu nombre, cuál es?"*. Los gestos faciales que acompañan a una pregunta también son diferentes. Si la pregunta solicita información, como por ejemplo: *"quién"*, *"cómo"* o *"por qué"*, las cejas bajan. Si la respuesta que se busca es un simple *"sí"* o *"no"*, entonces las cejas suben.

¿QUÉ EDAD TIENES? Primero apunta hacia la persona a quien te diriges. Entonces haz la seña para *"edad"* cerrando el puño en la barbilla y moviéndolo hacia abajo un par de veces. Para finalizar haz la seña para *"qué"*.

¿Cómo te sientes?

FELIZ Mueve ambas manos **abiertas** en forma circular hacia ti, golpeando el pecho un par de veces.

TRISTE Mueve ambas manos en **5** desde el área frente a tu cara hacia abajo.

feliz

triste

BIEN Golpea suavemente un par de veces el centro del pecho con el dedo pulgar de la mano en **5**.

MÁS O MENOS Rotando la muñeca, mueve la mano en **5** de un lado a otro.

bien

más o menos

50 | ¿CÓMO TE SIENTES?

¿CÓMO TE SIENTES? Apunta a quien te diriges. Entonces haz la seña para *"sentir"* moviendo la mano derecha en **medio-extendido** en forma circular hacia arriba, de modo que toque el centro del pecho cuando se acerque al cuerpo. Luego haz la seña para *"cómo"*.

ABURRIDO Tocando el lado de la nariz con el dedo índice de la mano en **1**, rota la muñeca una vez.

CANSADO Pon las puntas de los dedos de las manos **dobladas** en el pecho. Rótalas de modo que queden apuntando hacia arriba.

ENOJADO Abre y cierra ligeramente todos los dedos de la mano en **garra** frente a la cara.

EMOCIONADO Mueve ambas manos en **medio-extendido** alternadamente frente al pecho, tocándolo cada vez que la mano se acerca a él.

aburrido   cansado   enojado

CONFUNDIDO Primero toca la frente con tu dedo índice. Luego sitúa ambas manos en **garra**, mirándose la una a la otra, en el área de la frente. Haz que hagan círculos una alrededor de la otra horizontalmente.

ASUSTADO Mueve ambas manos en **5** de afuera hacia el centro del pecho un par de veces.

emocionado   confundido   asustado

¿CÓMO TE SIENTES? | 51

¿CÓMO ES? Primero, haz la seña para *"parecer"* haciendo un círculo alrededor de la cara con la mano en **1**, y luego moviendo la mano en **Y** de izquierda a derecha. Entonces haz la seña para *"qué"*.

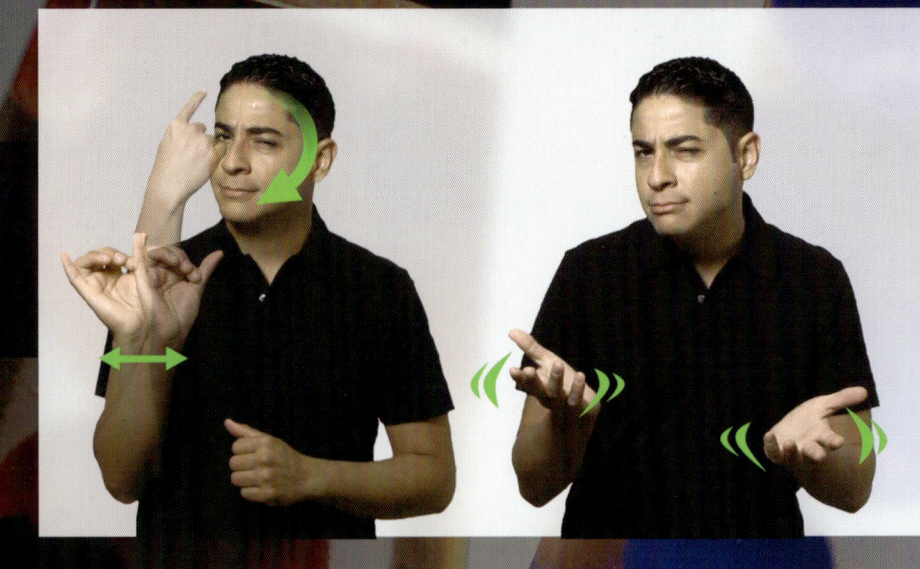

ALTO Mueve la mano derecha en **1** hacia arriba rozando la mano izquierda **abierta**.

BAJO Baja la mano **doblada** un par de veces al lado tuyo mientras diriges tu mirada hacia ella.

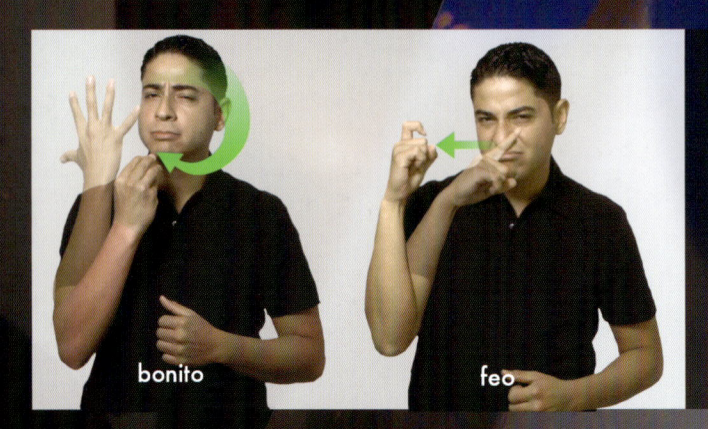

alto

bajo

BONITO Comienza con la mano en **5** en el lado superior derecho de la cara. Junta los dedos mientras haces un círculo alrededor de ella. Termina en **flor**.

FEO Toca la nariz con el dedo índice extendido. Retíralo hacia la derecha mientras lo cierras.

bonito

feo

PRESTA ATENCIÓN a los gestos faciales de las palabras de esta sección, pues son esenciales para transmitir el significado correcto.

¿Cómo es?

JÓVEN Toca y roza justo debajo de los hombros con ambas manos **dobladas** mientras las mueves hacia arriba un par de veces.

VIEJO Cierra el puño justo debajo de la barbilla y baja la mano en **S** haciendo un movimiento ondulatorio, como representando una larga barba.

DELGADO Mueve la mano en **I** hacia abajo frente a ti.

GORDO Mueve ambas manos en **semi-esfera** hacia afuera justo frente a las mejillas, como si describieras unas mejillas grandes.

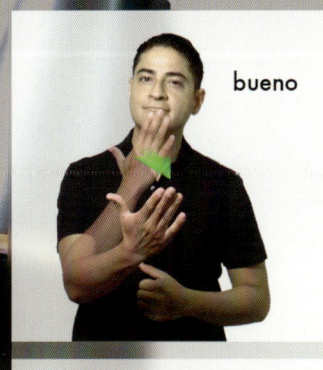

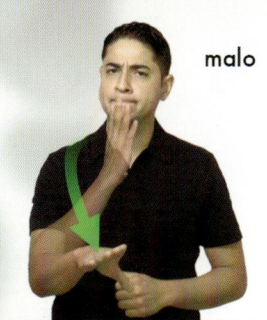

BUENO Toca la barbilla con la mano **abierta** y llévala hacia delante.

MALO Toca la barbilla con la mano **abierta**. Retírala mientras le das vuelta de modo que termine mirando hacia abajo.

jóven

viejo

delgado

gordo

bueno

malo

¿CÓMO ES? | 53

DULCE Con la yema de los dedos de la mano **abierta**, presiona la barbilla y rózala directamente hacia abajo un par de veces.

PACIENTE Con el pulgar de la mano **cerrada**, presiona el punto justo debajo de los labios y bájalo rozando la barbilla.

HUMILDE Toca la frente con el dedo índice de la mano en **B**. Baja la mano y pásala hacia delante por debajo de la mano izquierda **abierta**.

AMIGABLE Coloca ambas manos en **5** frente a la boca. Muévelas hacia afuera mientas mueves los dedos independientemente hacia delante y hacia atrás.

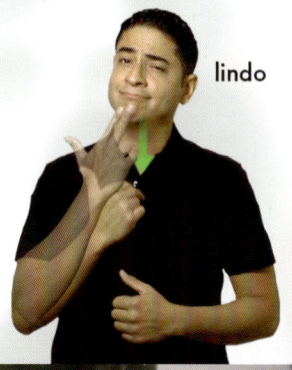

GENEROSO Haz la forma de un corazón con ambas manos en **medio-extendido** en el pecho.

LINDO Presiona y baja rozando la barbilla directamente hacia abajo un par de veces, con la yema de los dedos índice y medio de la mano en **pistola**.

AGRADABLE Barre la palma de la mano izquierda **abierta** de izquierda a derecha con la palma de la mano derecha **abierta**.

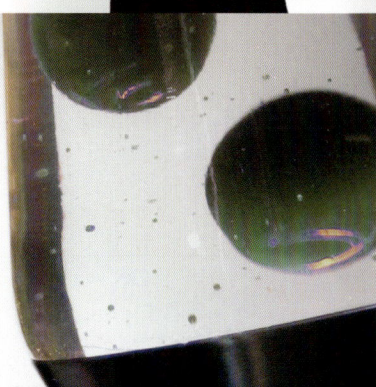

inteligente

tonto

serio

INTELIGENTE Toca la frente con el dedo medio de la mano derecha en **medio-extendido** y mueve la mano hacia afuera mientras rotas la muñeca.

TONTO Da vuelta a la muñeca de la mano en **G** en la frente.

SERIO Con la mano en **1** y el dedo índice tocando la barbilla, da vuelta a la muñeca.

TERCO Toca la sien con el pulgar de la mano **abierta**. Dobla la mano.

terco

MENTIROSO Mueve la mano derecha en **B** de un lado hacia al otro rozando la barbilla.

envidioso   orgulloso   perezoso   mentiroso

ENVIDIOSO Toca el borde de la boca con el meñique de la mano en **I** y dale vuelta, como haciendo una "J".

ORGULLOSO Mueve la mano **cerrada** desde el centro del vientre hasta el pecho, rozando con la punta del pulgar.

PEREZOSO Golpea un par de veces el hombro izquierdo con la mano en **L**.

¿CÓMO ES? | 55

¿QUÉ HACES? Abre y cierra los dedos índice y pulgar de ambas manos en **pico** mirando hacia arriba mientras haces un gesto facial de pregunta.

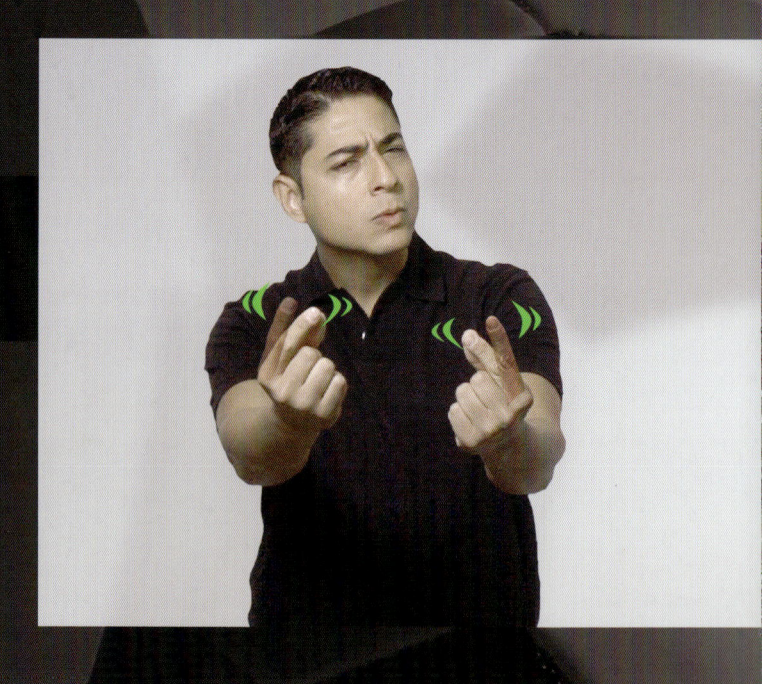

trabajar

jugar

descansar

caminar

dormir

TRABAJAR Con la mano derecha en **S**, golpea un par de veces la mano izquierda en **S**.

JUGAR Rota las muñecas de ambas manos en **Y**.

DESCANSAR Cruza ambas manos **abiertas** frente al pecho y tócalo un par de veces.

DORMIR Comienza con la mano en **flor** frente a tu rostro. Ciérrala mientras lo bajas.

CAMINAR Mueve ambas manos **abiertas** alternadamente hacia delante y hacia atrás.

¿Qué haces?

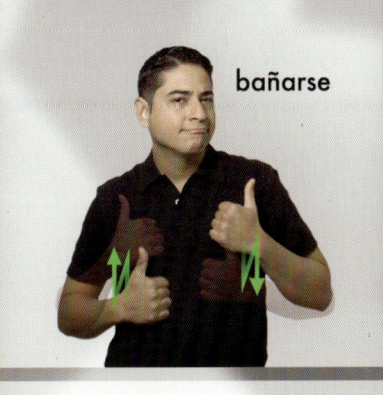

BAÑARSE Con las manos **cerradas**, roza el área del pecho de arriba hacia abajo, alternando el movimiento de las manos. Imagínate que te estás limpiando con una esponja.

MIRAR Apunta la mano en **V** hacia el objeto que se mira.

PENSAR Mueve ambas manos en **1**, una cerca de la frente y la otra mas abajo, en círculos.

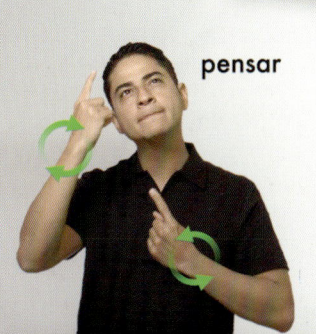

VIAJAR Mueve la mano **en V-doblada** haciendo un par de círculos frente a ti.

COCINAR Rota la muñeca de la mano derecha **abierta** de un lado al otro sobre la palma de la mano izquierda.

¿EN QUÉ TRABAJAS? Apunta a quien te diriges. Haz la seña para *"trabajo"* (golpeando la mano izquierda en **S** con la mano derecha en **S**). Entonces haz la seña para *"qué"*.

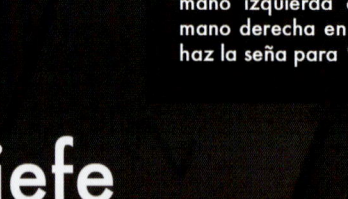

jefe

JEFE Toca dos veces el hombro derecho con la mano en **garra**.

secretaria   dentista

SECRETARIA Empieza con la mano izquierda **abierta** estacionaria frente a ti. Con la mano derecha en **U** toca el área frente a la oreja y luego haz un movimiento ondulatorio sobre la mano izquierda.

DENTISTA Da un par de golpecitos en la comisura de la boca con el lado del meñique de la mano derecha en **S**.

POLICÍA Golpea dos veces el área del hombro izquierdo con la mano en **C**.

BOMBERO Toca la frente un par de veces con la parte trasera de la mano derecha en **B**.

ALGUNAS de la señas ocupacionales están compuestas de dos partes: primero la seña del verbo relacionado a la ocupación, y luego la seña para *"persona"*. Por ejemplo para decir *"maestro"* en lenguaje de señas haz las señas para *"enseñar"* y *"persona"* juntas. Para *"vendedor"*, haz las señas para *"vender"* y *"persona"*. Para otras ocupaciones, como *"doctor"* y *"policía"*, no se utiliza la seña de *"persona"*.

policía   bombero

58 | ¿EN QUÉ TRABAJAS?

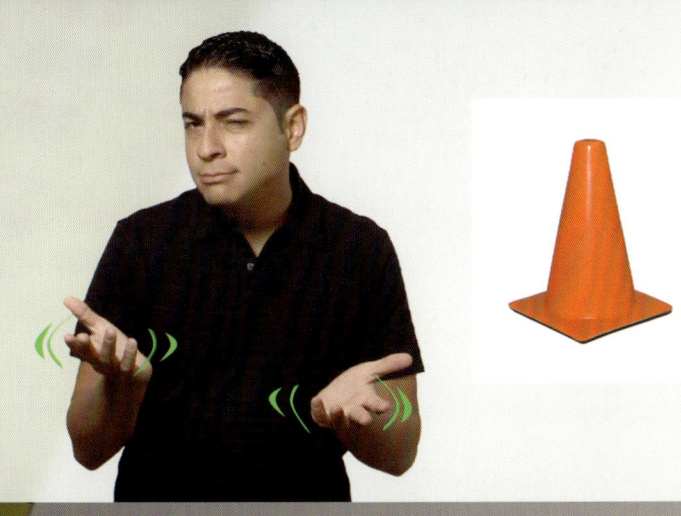

¿En qué trabajas?

VENDEDOR Haz la seña para *"vender"* moviendo ambas manos en **capullo** de adentro hacia afuera, rotando las muñecas. Luego haz la seña para *"persona"* moviendo ambas manos paralelas en **B** de arriba hacia abajo.

CARPINTERO Haz la seña para *"martillar"* moviendo la mano derecha en **X**, que simula el martillo, sobre la mano izquierda en **X** que representa la mano sujetando el clavo. Haz la seña para *"persona"*.

MESERO Haz la seña para *"servir"* moviendo ambas manos **abiertas** hacia delante y hacia atrás alternadamente. Haz la seña para *"persona"*.

INTÉRPRETE Haz que los dedos índice y pulgar de ambas manos en **F** se toquen. Moviendo solo la muñeca, mueve la mano derecha hacia delante y hacia atrás. Haz la seña para *"persona"*.

vendedor

carpintero

persona

mesero

intérprete

¿EN QUÉ TRABAJAS? | 59

¿DÓNDE VIVES? Apunta a quien te diriges. Haz la seña para *"vivir"* moviendo ambas manos en **A** desde el área central del torso hacia el pecho. Luego haz la seña para *"dónde"*.

Francia　　Italia　　China　　Canadá

Estados Unidos

ESTADOS UNIDOS Entrelaza las puntas de los dedos de ambas manos en **5**. Con las manos juntas, haz un par de movimientos circulares de izquierda a derecha.

60 | ¿DÓNDE VIVES?

¿Dónde vives?

FRANCIA Empieza la seña con la mano en **F** mirando hacia adelante en el área derecha de la frente. Da vuelta a la muñeca de tal modo que termines con la mano mirando hacia atrás.

ITALIA Mueve la mano en **L-doblada** (con el pulgar extendido hacia delante) de arriba hacia abajo haciendo una pequeña **S** invertida.

CHINA Con el dedo índice de la mano en **1** toca el lado izquierdo superior del pecho, luego el derecho y, por último, el lado inferior derecho del abdomen.

CANADÁ Golpea un par de veces el lado derecho del pecho con la mano en **A**.

MÉXICO Empieza tocando la frente con el dedo índice de la mano en **V**. Rota la muñeca hacia afuera un par de veces.

REPÚBLICA DOMINICANA Toca la frente con la mano en **R**. Bájala y toca la barbilla con la mano en **D**.

COLOMBIA Rota la mano en **C** ligeramente hacia delante y hacia atrás en el área del hombro.

ESPAÑA Comienza la seña con la mano en **X** un poco abierta frente al área del pecho. Da vuelta a la muñeca hacia la izquierda y descansa la mano en el área superior izquierdo del pecho.

PUERTO RICO Toca la parte trasera del puño izquierdo con la mano en **P**, y luego con la mano en **R**.

¿DÓNDE VIVES? | 61

sección

lenguaje de señas en acción

4

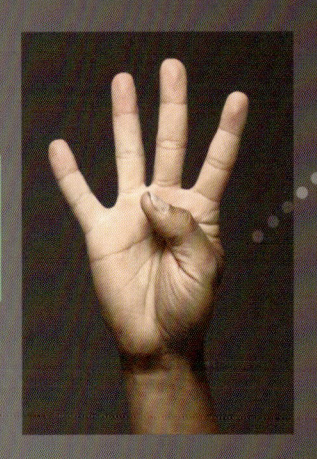

- 64 **En la escuela**
- 68 **En el hospital**
- 74 **Verbos**
- 76 **Adjetivos**
- 78 **Ejemplos de uso**
- 82 **Vocabulario**

ESCUELA Da una palmada con la mano derecha **abierta** sobre la palma de la mano izquierda **abierta**, los dedos de una mano perpendiculares a los de la otra.

salón de clases

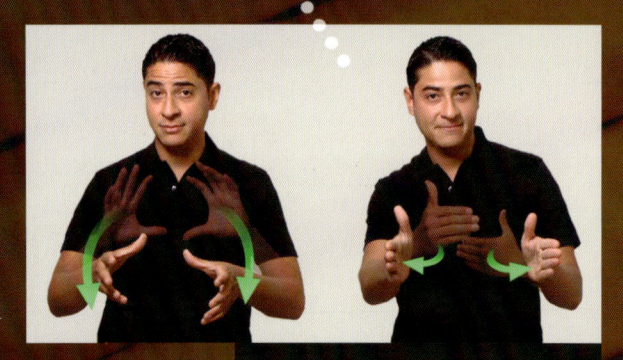

SALÓN DE CLASE Haz la seña para "*grupo*" moviendo ambas manos en **C**, con los dedos ligeramente **abiertos**, hacia abajo. Luego haz la seña para "*cuarto*". Para esto, coloca ambas manos **abiertas** una justo frente a la otra. Entonces muévelas hacia los lados de modo que queden mirándose.

maestro

MAESTRO Haz la seña para "*enseñar*" (pág. 67). Luego haz la seña para "*persona*" (pág. 59), moviendo ambas manos en **B** de arriba hacia abajo.

ESTUDIANTE Con los dedos de la mano derecha en flor toca la mano izquierda **abierta** estacionaria. Retira la mano derecha mientras la cierras en **capullo**. Bájala mientras la vuelves a abrir.

DIRECTOR Con la mano derecha en **P** ("principal" en inglés) da una pequeña vuelta en el sentido de las agujas del reloj y toca la parte superior de la mano izquierda en **S**.

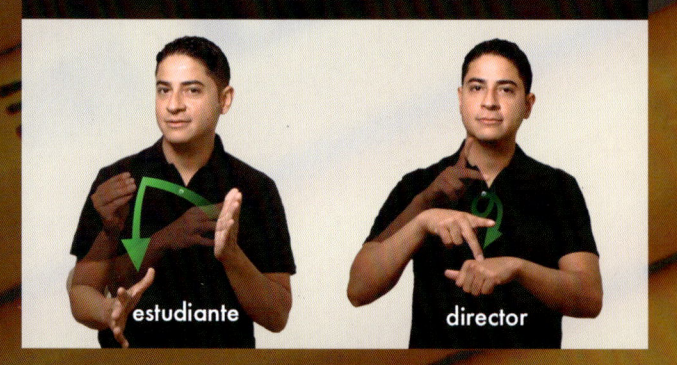

estudiante   director

la escuela

LIBRO/LIBRETA Junta amba manos **abiertas** y sepáralas como abriendo un libro. Repite el movimiento.

LÁPIZ Toca la boca con la mano derecha en **X-cerrada** y luego finge que escribes sobre la mano izquierda **abierta** que representa el papel.

BOLÍGRAFO Deletrea PEN.

REUNIÓN Empieza con ambas manos en **flor** mirándose la una a la otra. Júntalas mientras cierras los dedos. Haz este movimiento dos veces.

CHARLA/DISCURSO Pon la mano derecha **abierta** frente a ti y más arriba del hombro. Muévela hacia delante y hacia atrás.

NÚMEROS Empieza con ambas manos en **capullo** tocándose en el área de las puntas de los dedos, una mirando hacia arriba y la otra mirando hacia abajo. Rótalas de modo que ambas terminen mirando en dirección opuesta.

libro

lápiz

bolígrafo

reunión

charla

LA ESCUELA | 65

SABER Golpea ligeramente un par de veces el área de la sien con la mano derecha **doblada**.

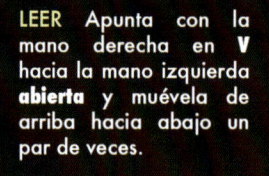

LEER Apunta con la mano derecha en **V** hacia la mano izquierda **abierta** y muévela de arriba hacia abajo un par de veces.

PRACTICAR Mueve la mano derecha **cerrada** hacia delante y hacia atrás sobre el dedo índice de la mano izquierda en **1**.

ESCRIBIR Haz pequeños movimientos ondulatorios con la mano derecha en **X-cerrada** sobre la palma de la mano izquierda **abierta**, como si estuvieras escribiendo.

aprender

CURSO/LECCIÓN Con el lado del meñique de la mano derecha **doblada**, toca la mano izquierda **abierta** en el área de los dedos y luego mueve la mano derecha hasta la parte baja de la palma de la mano izquierda, completando un pequeño arco.

ESPAÑOL Toca el área frente a los hombros con ambas manos en **X**. Bájalas y júntalas frente a ti.

INGLÉS Agarra la mano izquierda **abierta** con la mano derecha y mueve ambas manos ligeramente hacia atrás un par de veces.

66 | LA ESCUELA

ESTUDIAR Coloca la mano derecha en **5** apuntando los dedos hacia la mano izquierda **abierta**. Mueve los dedos independientemente.

PRESTAR ATENCIÓN Con movimientos cortos y bruscos, mueve ambas manos **abiertas** desde los lados de la cara hacia delante un par de veces.

DIBUJAR Con la mano derecha en **I**, haz un movimiento ondulatorio de arriba hacia abajo sobre la mano izquierda **abierta**.

EXPLICAR Mueve ambas manos en **F** alternadamente hacia delante y hacia atrás.

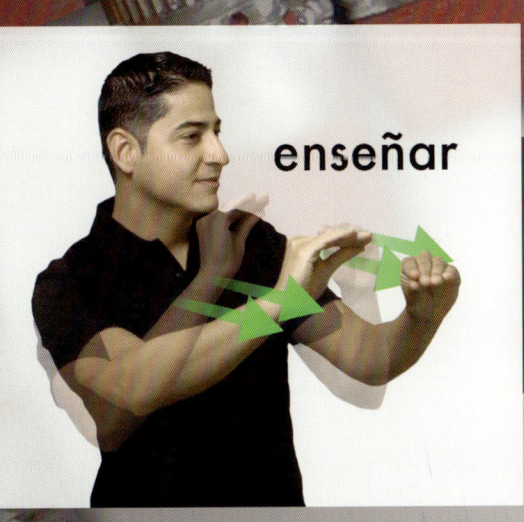

enseñar

APRENDER Toca la mano izquierda **abierta** con los dedos de la mano derecha en **flor**. Cierra la mano derecha mientras la retiras y la llevas a la frente.

ENSEÑAR Mueve ambas manos en **capullo** hacia delante simultáneamente un par de veces.

EDUCACIÓN FÍSICA Sobre el área de la cabeza, mueve ambas manos en **S** hacia arriba un par de veces, como si estuvieras levantando pesas.

CIENCIA Alternadamente, mueve ambas manos **cerradas** haciendo pequeños círculos, como si estuvieras mezclando diferentes líquidos.

MATEMÁTICAS Cruza ambas manos en **M** frente a ti, haciendo que se rocen. Repite.

HISTORIA Mueve la mano derecha en **H** haciendo un "7" en el aire.

LA ESCUELA | 67

HOSPITAL Con la mano derecha en **H**, haz una pequeña cruz en tu hombro izquierdo.

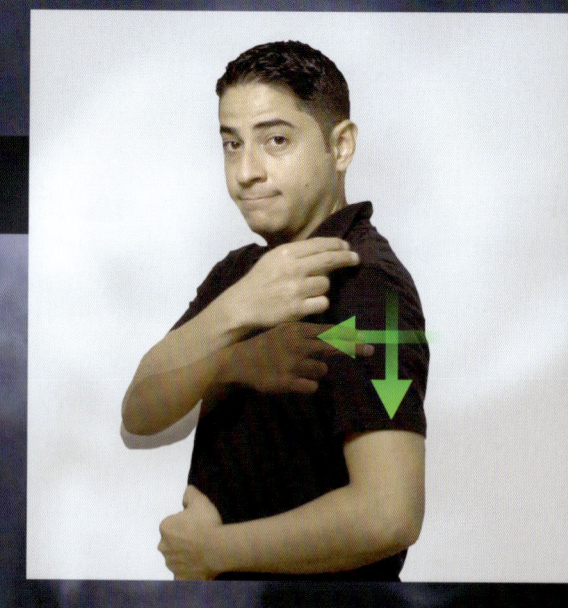

DOCTOR Toca el lado interno de la muñeca de la mano izquierda **cerrada** con la punta de los dedos de la mano derecha **doblada** dos veces.

ENFERMERA Toca el lado interno de la muñeca de la mano izquierda **cerrada** con la punta de los dedos de la mano derecha en **N** dos veces.

DOLOR Acerca las puntas de los dedos índices de las manos en **1**. Mientras lo haces, rota la muñeca derecha hacia afuera y la muñeca izquierda hacia adentro. Haz este movimiento dos veces.

ENFERMEDAD/ENFERMO Toca la frente con el dedo medio de la mano derecha en **medio-extendido** mientras tocas el centro del pecho con la mano izquierda en la misma configuración.

CITA MÉDICA Comienza con la mano derecha en **semi-esfera**. Ciérrala en **S** y bájala con un movimiento ondulatorio de modo que golpees la mano izquierda en **S** frente a ti.

PROBLEMA Haz chocar los nudillos de ambas manos en **V-doblada**, primero con la mano derecha arriba y luego con la mano izquierda arriba.

dolor

68 | EN EL HOSPITAL

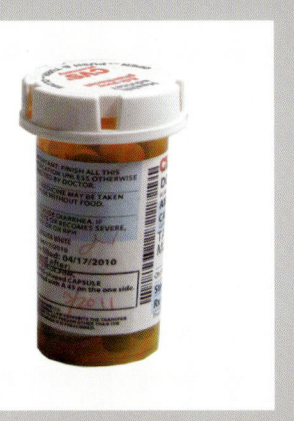

en el hospital

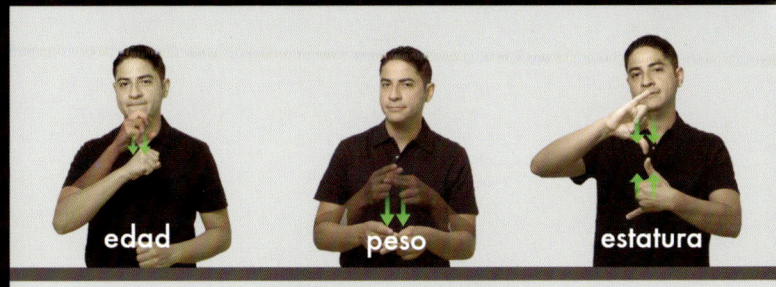

EDAD Toca la barbilla con el puño derecho medio abierto. Ciérralo y bájalo como halando una barba. Haz el movimiento dos veces.

PESO Sitúa los dedos de la mano derecha en **H** sobre los dedos de la mano izquierda en **H**. Con las manos en esta posición, mueve los brazos hacia abajo un par de veces.

ESTATURA Empieza con ambas manos en **Y**, la derecha mirando hacia afuera, y la izquierda mirando hacia ti. Haz que ambos dedos pulgares se toquen haciendo dos movimientos cortos.

ALERGIA Toca la nariz con el dedo índice de la mano derecha en **1**. Luego junta las puntas de los dedos índices de ambas manos en **1**, y sepáralas.

edad · peso · estatura · alergia

enfermedad · cita médica · problema

EN EL HOSPITAL | 69

emergencia

PONER POR ESCRITO Mueve la mano derecha en **capullo** dando toquecitos de arriba hacia abajo en la mano izquierda **abierta**.

MEDICAMENTO Toca la mano izquierda **abierta** con el dedo medio de la mano derecha en **medio-extendido**. Mueve la muñeca derecha de un lado a otro con movimientos cortos.

RECETA MÉDICA Deletrea RX.

SUERO Primero toca y roza el antebrazo izquierdo con el dedo índice de la mano derecha en **1**, como insertando una aguja. Luego toca dos veces el mismo punto del brazo izquierdo con el dedo meñique de la mano derecha en **4**.

70 | EN EL HOSPITAL

CUIDADO Mueve ambas manos en **P**, una sobre la otra, haciendo círculos verticales hacia delante.

ACCIDENTE Comienza con ambas manos en **semi-esfera** mirándose la una a la otra. Júntalas mientras las cierras.

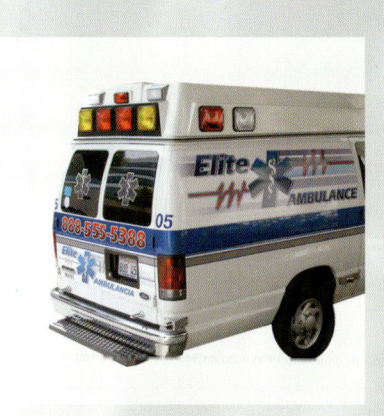

EMERGENCIA Mueve las muñecas de ambas manos en **E** hacia afuera y hacia adentro repetidas veces.

AMBULANCIA Empieza con ambas manos en **capullo** a los lados de la cara, más arriba de la cabeza. Abre y cierra los dedos varias veces.

SANGRE Mueve la mano derecha en **5** de arriba hacia abajo sobre la mano izquierda en **5** mientras mueves los dedos independientemente.

PRESIÓN SANGUÍNEA Agarra el brazo izquierdo un par de veces con la mano derecha en **C**.

INYECCIÓN Toca el área superior del brazo izquierdo con los nudillos de los dedos índice y medio de la mano derecha en **V-doblada** (con el pulgar extendido), y dobla los dedos aún más, como inyectando el contenido de una jeringuilla.

PASTILLAS Empieza con la mano derecha en **X-cerrada** frente al área de la boca. Mientras acercas la mano a la boca, abre el dedo índice, como si estuvieras echando en ella la pastilla.

EN EL HOSPITAL | 71

TE PONDRÁS BIEN Primero haz la seña que indica *"futuro"* moviendo la mano derecha **abierta** desde el área junto a tu rostro hacia delante. Entonces haz la seña para *"salud"*: toca los hombros con las manos en **garra** y ciérralas mientras las mueves hacia afuera.

¿DÓNDE TE DUELE? Haz la seña para *"dolor"* (pág. 68), y luego la seña para *"dónde"* (pág. 46).

¿Qué sucede?

¿QUÉ SUCEDE? Golpea la barbilla dos veces con la mano en **Y**.

FIRMA AQUÍ. Golpea una vez el centro de la mano izquierda **abierta** con los dedos índice y medio de la mano derecha en **H**. Luego señala dónde debe firmar.

72 | EN EL HOSPITAL

¿Dónde te duele?

LO SIENTO Haz dos círculos en el pecho con la mano derecha **cerrada**.

NO TE PREOCUPES. Primero haz la seña para *"preocupación"*. Mueve ambas manos en **medio-extendido** alternadamente hacia el centro del pecho, tocando con los dedos medios. Repite. Luego, mientras mueves la cabeza de un lado a otro indicando negación, mueve la mano derecha en **5** de un lado a otro.

RESPIRA PROFUNDO. Coloca ambas manos **abiertas** en el pecho, una más arriba de la otra. Inhala aire y, mientras el pecho se infla, mueve las manos hacia afuera, como exagerando el movimiento del pecho.

ESPERA. Exceptuando los pulgares, mueve de forma independiente los dedos de ambas manos en **5** mirando hacia arriba.

¿ENTIENDES? Sitúa la mano derecha en **X-cerrada** cerca del área de la frente. Desdobla el dedo.

EN EL HOSPITAL | 73

dar

PODER Mueve ambas manos en **S** de arriba hacia abajo.

NO PODER Golpea la punta del dedo índice de la mano izquierda en **1** con el índice de la mano derecha en **1**.

DAR Mueve ambas manos en **capullo**, alejándolas del cuerpo, hacia la persona a quien se le "*da*".

AMAR Aprieta contra el pecho ambos puños, uno encima del otro.

ODIAR Empieza con ambas manos en **8**. Dispara los dedos del medio hacia afuera.

verbos

decir

necesitar

hacer

ver

DECIR/INFORMAR Empieza con ambas manos en **capullo**, la derecha tocando la frente y la izquierda frente al área de la boca. Mueve ambas manos hacia afuera mientras abres los dedos.

NECESITAR Haz dos movimientos cortos hacia abajo con la mano derecha en **X**.

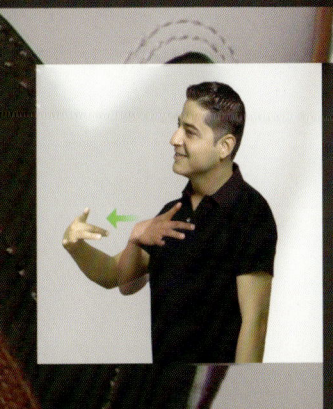

ME GUSTA Imagina que pinzas tu camisa en el centro del pecho con los dedos pulgar y medio, terminando con la mano en **8**. Aleja la mano del cuerpo, hacia delante.

NO ME GUSTA Haz la seña para *"me gusta"*, pero, al final, gira la muñeca de la mano en **8** hacia abajo y abre los dedos pulgar y medio.

TENER Golpea el pecho una vez con las puntas de ambas manos **dobladas**.

NO TENER Empieza con ambas manos **abiertas** cruzadas frente a ti, cerca del área de la boca. Muévelas hacia afuera.

HACER/CREAR Empieza con ambas manos en **S**, una sobre la otra. Muévelas hacia abajo mientras giras muñecas hacia atrás. Repite.

VER Mueve la mano derecha en **V** desde debajo del ojo hacia el objeto que se *"ve"*.

VERBOS | 75

mucho

MUCHOS Empieza con ambas manos en **S**. Ábrelas mientras las bajas rápidamente.

POCO Empieza con la mano derecha **en X-cerrada**. Mueve el dedo pulgar hacia afuera.

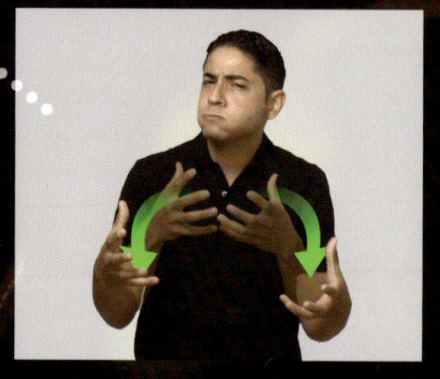

MUCHO Mueve ambas manos en **semi-esfera** desde el centro de tu pecho hacia afuera.

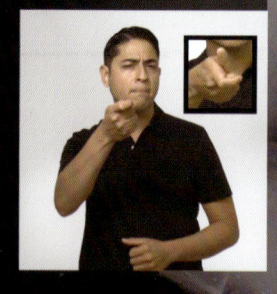

GRANDE Mueve ambas manos en **L-doblada** desde el centro hacia afuera haciendo un pequeño arco.

PEQUEÑO Mueve ambas manos **abiertas** levemente hacia adentro un par de veces, como describiendo la dimensión de un objeto pequeño.

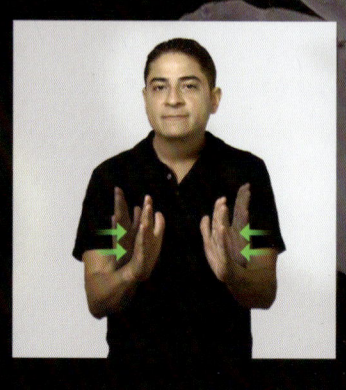

adjetivos

largo

corto

frío

caliente

LARGO Mueve el dedo índice de la mano derecha en **1** desde la parte superior de la mano izquierda hasta la parte interior del codo.

CORTO Con la mano derecha en **H** toca el final del dedo índice de la mano izquierda en **H** y muévela hacia afuera.

ADENTRO Introduce la mano derecha en **capullo** dentro de la mano izquierda en **C** un par de veces.

AFUERA Empieza con la mano en **flor** con los dedos apuntando hacia a ti. Muévela hacia afuera mientras juntas los dedos. Repite el movimiento.

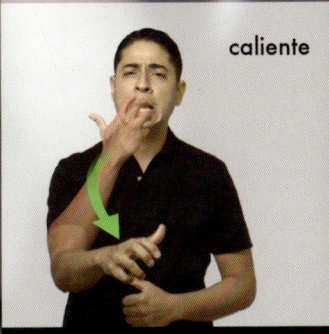

LIMPIO Con la mano derecha **abierta**, barre la palma de la mano izquierda **abierta** de izquierda a derecha.

SUCIO Coloca la mano en **5**, palma hacia abajo, debajo de la barbilla. Mueve los dedos independientemente.

FRÍO Mueve ambos brazos, con ambas manos en **S**, ligeramente hacia adentro y hacia afuera, como si estuvieras temblando del frío.

CALIENTE Mueve la mano en **garra**, con el pulgar extendido, desde el área frente a la boca hacia abajo, mientras giras la muñeca hacia afuera.

ADJETIVOS | 77

Hasta luego.   ¿Deseas una taza de café?

Ejemplos de uso

EN ESTA SECCIÓN verás ejemplos de cómo organizar las señas aprendidas en el libro para formar oraciones. Las oraciones aquí presentadas no llevan un tema particular, sino que han sido escogidas al azar para guiarte en la construcción de oraciones completas.

Los pequeños números al lado de cada seña hacen referencia a las páginas dónde se describen las señas; en caso de que necesites refrescar la memoria.

La comida estaba muy buena.   ¿Deseas cerveza o vino?

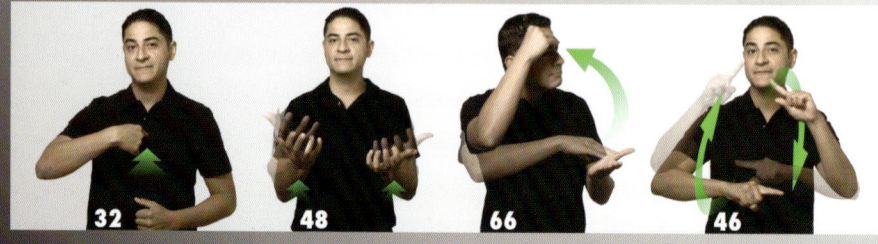

Quiero aprender lenguaje de señas.

Gusto en verte.   ¿Dónde está el baño?

Luego te envío un correo electrónico.

Necesito ir al correo mañana.

Necesito comprar pan, leche y jugo.

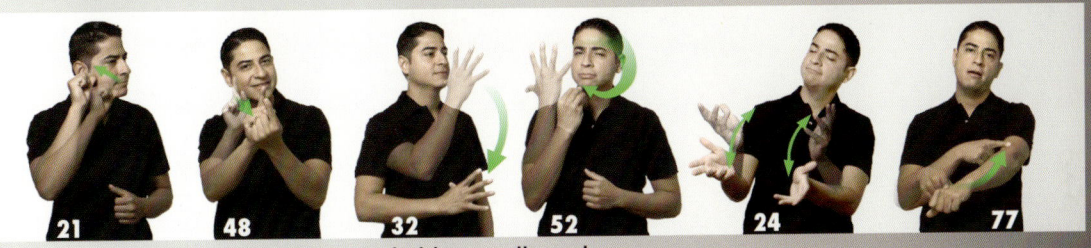

Ayer conocí a una chica guapa, y hablé con ella un largo rato.

¿Dónde compró el carro tu papá?

Estoy vendiendo mi automóvil en $1,000.

Índice de oraciones adicionales demostradas en el libro:

60 | ¿Dónde vives?
72 | ¿Dónde le duele?
72 | ¿Qué sucedió?
73 | Espera.
72 | Te pondrás bien.
72 | Firma aquí.
73 | Respira profundo
73 | ¿Entiendes?
73 | No te preocupes.
73 | Lo siento.

¿Qué hora es?

La cita es en la tarde.

¿A qué hora sale el trén?

Necesito que traiga un intérprete para la cita médica.

Tengo hambre.

Estoy aburrido.

Estoy feliz.

¿Sabes leer y escribir en español?

Llamaré a la policía.

Mi niña le tiene miedo a las inyecciones.

Índice de oraciones adicionales demostradas en el libro:

48 | ¡Hola!
48 | ¿Cuál es tu nombre?
49 | Mucho gusto en conocerte.
48 | ¿Qué edad tienes?
48 | ¿Qué deseas?
49 | ¿Necesitas ayuda?
50 | ¿Cómo te sientes?
52 | ¿Cómo es?
56 | ¿Qué haces?
58 | ¿En qué trabajas?

Mi amigo trabajaba en un restaurante.

¿Cuántos estudiantes hay en tu salón de clases?

La casa del doctor es muy bonita y espaciosa.

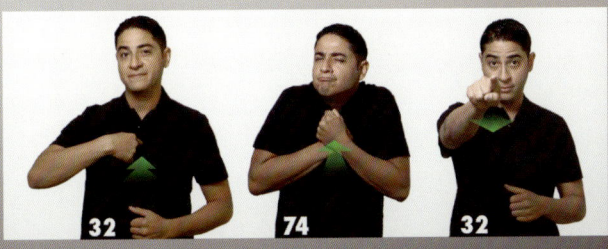

Te quiero.

EJEMPLOS DE USO | 81

VOCABULARIO

A

abril 22
abuela 31
abuelo 30
aburrido 51
accidente 71
adentro 77
afuera 77
agosto 22
agradable 48, 54
agua 42
ahora 20
alergia 69
almuerzo 42
alto 52
amable (véase "agradable") 49, 54
amarillo 16
ambulancia 71
amigable 54
amigo 33
amar (también "amor") 74
anaranjado 17
año 21
antes 20
aprender 66
árbol 26
arcoíris 17
asustado 51
atención, prestar 67
autobús 38
automóvil/conducir 38
avión 39
ayer 21
ayudar 49
azul 16

B

bajo 52
bañarse 57
banco 37
baño 34
barato 18
bebé 33
bebida/beber 42
biblioteca 36
bicicleta 39
bien 50
bien (véase "salud") 72
blanco 17
boleto 38
bolígrafo 65
bombero 58
bonito 52
bueno 53

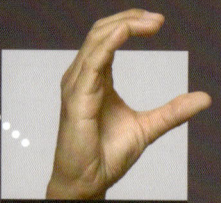

C

caballo 27
café 43
café/marrón (color) 17
cafetería 36
caliente 77
cama 35
cámara de video 25
caminar 56
Canadá 60
cansado 51
carne 40
caro 18
carpintero 59
carta 25
casa 34
catorce 14
cena 43
cerdo 27
cerveza 43
charla/discurso 65
China 60
chocolate 41
cielo 26
cien 14
ciencia 67
cinco 14
cincuenta 14
cita médica 69
ciudad 36
clases, salón de 64
cocina 34
cocinar 57
Colombia 61
colores 16
comida/comer 41
cómo 46
cómo es (aspecto) 52
comprar 19
computadora 24
comunicación 25
conducir, automóvil 38
confundido 51
conocer (relación) 48
conocer (saber) 47
contar 19
continuar 39
conversar 24
correo 37
correo electrónico 25
corto 77
crear, hacer 75
cuál 47
cuándo 46
cuánto 47
cuarenta 14
cuarto (véase "dormitorio") 34
cuatro 14
cuatrocientos 15
cuidado 71
culebra 27
curso/lección 66

D

dar 74
decir/informar 75
delgado 53
dentista 58
desayuno 42
descansar 56
desear 48
después 20
deuda 18
día 20
dibujar 67
diciembre 22
diecinueve 15
dieciocho 15
dieciséis 15
diecisiete 15
diez 14
dinero/efectivo 18
director (escolar) 64
discurso, charla 65
doce 14
doctor 68
dólares 19
dolor 68, 61, 72
domingo 23
dónde 46, 61, 73
dormir 56
dormitorio 34
dos 14
doscientos 14
dulce 54

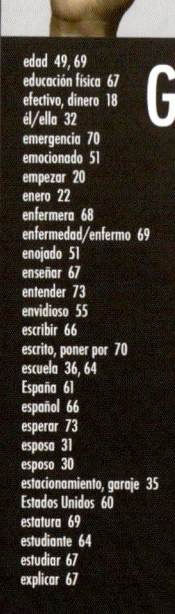

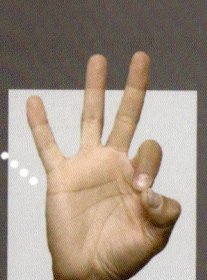

E

edad 49, 69
educación física 67
efectivo, dinero 18
él/ella 32
emergencia 70
emocionado 51
empezar 20
enero 22
enfermera 68
enfermedad/enfermo 69
enojado 51
enseñar 67
entender 73
envidioso 55
escribir 66
escrito, poner por 70
escuela 36, 64
España 61
español 66
esperar 73
esposa 31
esposo 30
estacionamiento, garaje 35
Estados Unidos 60
estatura 69
estudiante 64
estudiar 67
explicar 67

F

familia 30
febrero 22
feliz 50
feo 52
firma (también "firmar") 72
Francia 60
frío 77
frutas 40
futuro (también "será") 72

G

gallina/pájaro 27
ganar dinero 18
garaje/estacionamiento 35
gato 27
generosa 54
gente 32
gordo 53
gracias 46
grande 76
granja 36
gris 17
gusta, me 75
gusta, no me 75

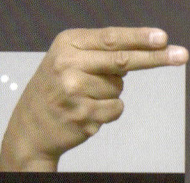

H

habitación (véase "dormitorio") 34
hablar 47
hablar en señas 46
haces, qué 56
hacer/crear 75
hambre 41
hamburguesa 41
hembra, niña 32
hermana 31
hermano 30
hija 31
hijo 30
historia 67
hola 48
hombre 32
hora (60 minutos) 20
hora/tiempo 20
horno de microondas 35
hospital 68
hotdog 40
hotel 36
hoy 21
humilde 54

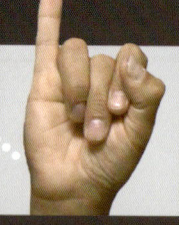

I

iglesia 36
informar, decir 75
inglés 66
inicio (véase "empezar") 6, 20
inteligente 54
internet 25
intérprete 59
inyección 71
ir 38
Italia 60

82 | VOCABULARIO

vocabulario

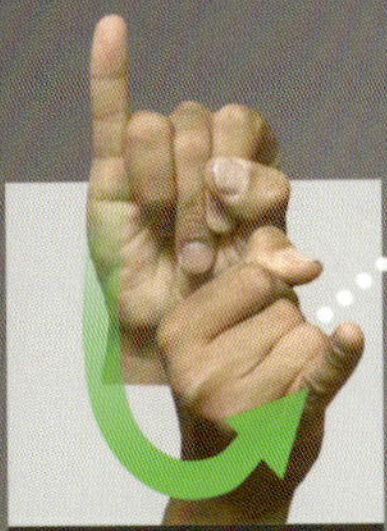

J
- maestro 64
- maletas 38
- malo 53
- mamá 31
- mañana 21
- mañana, en la 22
- mar 26
- marrón/café 17
- martes 22
- marzo 22
- más 19
- más o menos 50
- matemáticas 67
- mayo 22
- medicamento 70
- mediodía, al 22
- mensaje de texto 24
- mentiroso 55
- mes 21
- mesero 59
- México 61
- microondas, horno de 35
- miércoles 22
- mil 15
- mío 33
- mirar 57
- montaña 26
- motocicleta 38
- mucho 76
- muchos 76
- mujer 32

K
- jefe 58
- jóven 53
- jueves 23
- jugar 56
- jugo 42
- julio 22
- junio 22

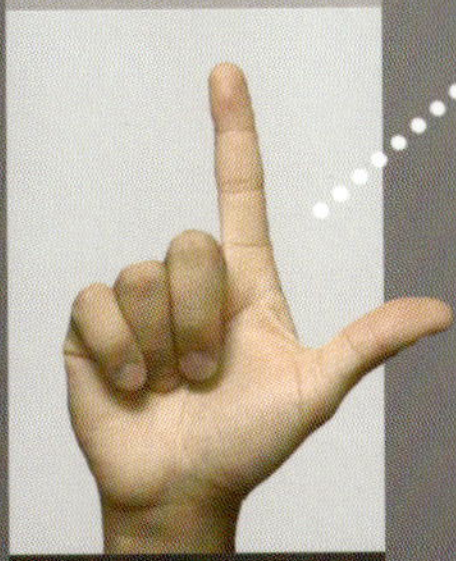

L
- lapicero (véase "bolígrafo") 65
- lápiz 65
- largo 77
- lavandería/lavadora 34
- lección, curso 66
- leche 42
- leer 66
- libro/libreta 65
- licencia 38
- limpio 77
- lindo 54
- llegar 39
- lunes 22

M

N
- paciente (cualidad) 54
- pájaro, gallina 27
- pan 41
- papá 30
- papas fritas 41
- para qué 47
- parar 38
- pastillas 71
- patio 35
- pensar 57
- pequeño 76
- perdón (véase "siento, lo") 73
- perezoso 55
- perro 27
- persona 59
- peso 69
- pez 27
- poco 76
- poder (facultad) 74
- poder, no 74
- policía 58
- poner por escrito 70
- por favor 46
- por qué 47
- postre 40
- practicar 66
- preocupación
- (también "preocuparse") 73
- presión sanguínea 71
- prestar atención 67
- problema 69
- Puerto Rico 61

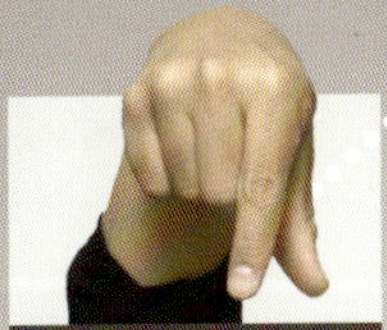

Ñ

O
- necesitar 49, 75
- negro 17
- nevera, refrigerador 35
- niña/hembra 32
- niño/varón 32
- no 46
- no (véase "no te preocupes") 73
- noche, en la 23
- nombre 49
- noventa 15
- novia 33
- noviembre 22
- novio 33
- nueve 15
- números 65

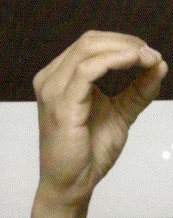

- ochenta 15
- ocho 15
- octubre 22
- odiar 74
- oficina 36
- once 14
- orgulloso 55

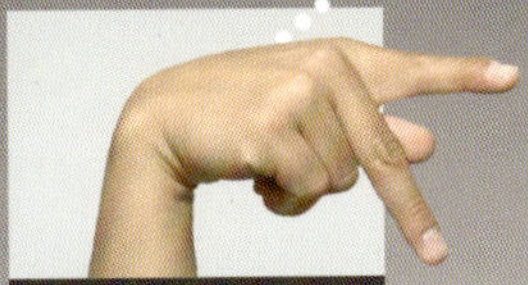

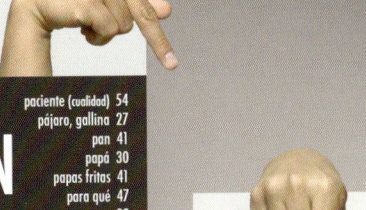

P

Q
- qué 47
- qué haces 56
- qué pasa 47
- qué sucedió 72
- quorar (véase "decorar") 48
- quién 46
- quince 15
- quinientos 15

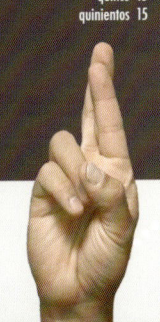

R
- rana, sapo 27
- receta médica 70
- refrigerador/nevera 35
- relación 33
- República Dominicana 61
- reservación
- (igual a "cita médica") 69
- respirar 73
- restaurante 36
- reunión 65
- rojo 17
- rosa (color) 17

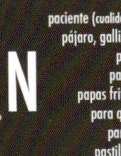

VOCABULARIO | 83

S

sábado 23
saber 66
sala 34
salario (véase "ganar dinero") 18
salchicha (véase "hotdog") 40
salir 39
salón de clases 64
salud (también "saludable") 72
saludar (véase "hola") 48
sangre 71
sanguínea, presión 71
sapo/rana 27
secretaria 58
sed 43
seis 15
señas, hablar en 46
sentir (también "sentimiento") 51
septiembre 22
será (véase "futuro") 72
serio 55
sesenta 14
setenta 15
sí 46
siento, lo (también "perdón") 73
siete 15
silla 35
sol 26
sucio 77
sucedió, qué 72
suero 70
supermercado 37
suyo 33

T

tarde 23
tarde, en la 23
tarjeta de crédito 18
té 43
teléfono 24
teléfono, vídeo- 25
televisor 35
temprano 22
tener 75
tener, no 75
terco 55
terminar 20
texto, mensaje de 24
tía 31
tiempo/hora 20
tienda 37
Tierra, la 26
tío 30
tonto 55
trabajar
(también "trabajo") 56, 58
trece 14
treinta 14
tren 39
tres 14
trescientos 14
triste 50
tú 32
tuyo 33

U

uno 14

V

vaca 27
varón, niño 32
vegetales 40
veinte 14
vendedor 59
vender 19
ver 75
verde 16
viajar 57
vida (véase "vivir") 60, 34
video, cámara de 25
video-teléfono 25
viejo 53
viernes 23
vino 43
violeta 16
vivir (también "vida") 60

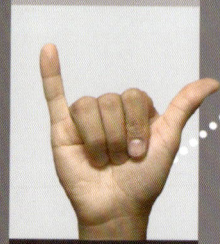

W

X

Y

yo 32

Z

84 | VOCABULARIO

··········| fin

SOBRE EL AUTOR

Lucas Soto nació y se crió en la costa oeste de Puerto Rico, entre gallina[s] y faisanes, disfrutando del delicioso sancocho que hacía su madre. Entr[ó] en contacto con la comunidad sorda a los quince años, y desde entonce[s] vive inmerso en su cultura y lenguaje. Su carrera y su vida serían hoy im[-] pensables sin este elemento sustancial.

Lucas ha trabajado por más de quince años como intérprete de lenguaj[e] de señas americano, español e inglés, tanto en su tierra natal, como e[n] estados tales como Nueva York y Massachusetts. Ha formado parte d[e] equipos de traducción de publicaciones de alcance internacional y tam[-] bién ha aparecido en diversos vídeos educativos en lenguaje de seña[s]. Asi mismo, sirvió como productor asociado del fascinante documenta[l] DSKNECTD.

Además, ha viajado a países de Europa y del sureste asiático, donde h[a] trabajado codo a codo con miembros de la población sorda, la mayo[r] parte del tiempo de forma totalmente desinteresada. En la actualida[d] reside en la ciudad de Los Ángeles, donde continúa desempeñando su[s] labores de intérprete.

VIAJERO PUBLISHING